戀愛心指南2

提高愛情商，不被愛情傷

愛情湊合不得，婚姻湊合不起！
所以，想要真幸福，就必須嫁個好男人。

愛一個人不容易，婚姻比愛情還難強求，
而愛情和婚姻總是人生必經之路。

本書以尖銳的筆觸剖析了當下社會的愛情和婚姻，
以理智的分析闡述給女人們聽——

認清自己，洞悉男人，最終嫁個好男人！

愛情看似氾濫，實屬二十一世紀的第一奢侈品。

一個女人不怕單身，也不怕年齡究竟有多大，最怕的是被愛情「卡」住，婚姻遙遙無期，就會被冠上一頂不客氣的帽子——剩女。

很多人更願意稱「剩女」為「輕熟女」。一字之差，身分卻有了天壤之別。

輕熟女，泛指年齡在二十七到三十五歲間的待嫁女子，懂得生活，懂得自己，知道自己需要怎樣的生活品質，也知道怎樣的男人是適合自己的，所以寧缺毋濫，給自己時間去尋找心中嚮往的那份情感，哪怕周圍是越來越多不理解的目光……

輕熟女，有點事業成就，有點閱歷心得，有點社會經驗，還有點聰明才智，不是「被製造」，而是「自己造」，就因為生活安定，事業穩定，所以才不急著嫁人。當愛情越來越難單純，當婚姻越來越現實，相較於那些為婚而婚的女人，輕熟女更值得尊重！

愛情湊合不得，婚姻湊合不起！所以，輕熟女在愛情跟婚姻上的態度很明確——是百合就有春天，要嫁，就要嫁個好男人！

愛得起，嫁得好，是輕熟女的目標。

可是，在愛情這條路上，輕熟女早就明白：做女人有多迎合就有多失敗！過去對女人要求的三從四德，在當下已然不適用，恰恰相反，適時使點「壞」，讓男人對自己窮追不捨，這才是她們想要的結果……

想要真幸福，就必須嫁個好男人，輕熟女們早就明白這一點。

知道愛一個人不容易，知道婚姻比愛情還難強求，知道自己為什麼堅持，所以輕熟女活得自我，活得積極。她們有著獨立的生活空間，有著良好的職業規劃，還有很好的人際關係，除了愛情和婚姻，似乎什麼也不缺……而愛情和婚姻總是人生必經之路。

本書以尖銳的筆觸剖析了當下社會的愛情和婚姻，以理智的分析闡述給輕熟女們聽——認清自己，洞悉男人，最終嫁個好男人！

謹以此書獻給輕熟女們，職場奔波之餘，記得為自己泡上一杯香茗，靜品人世之美好，為愛輾轉之時，切記給自己多留一份關愛，既要做一個優雅的女人，還要對愛情心存希望。

相信愛情，就會嫁個好男人。

目錄 contents

第01章 妳是哪個段位的女人

♥ 輕熟女段位：藍帶剛剛好／016
♥ 七分熟女，一次只愛一個人／020
♥ 為自己留三分：一分風情，一分純情，一分神秘／023
♥ 輕熟女生活：有點年齡，有點成就／026
♥ 輕熟女哪點最讓男人抓狂／028
♥ 輕熟女沒有「公主病」／034
♥ 每個輕熟女都要有孤單的準備／037

chapter 1

成熟只是開始，態度決定一切／040
感覺孤單是需要戀愛的前兆／043
行為拒絕偽單身，精神學會單身／046
俗氣可忍，惡俗該殺／049
十大殺手鐧，提升輕熟女吸引力／052
輕熟女須有：七分世故，二分人情，一分任性／057
每個輕熟女都有自己特殊的味道／060
輕熟女魅力：氣質+語言+神秘／063
熟男最愛二十七到三十五歲間的輕熟女／066
輕熟女只要：上等女子中等愛／069
寧捨錢財，不捨愛情／073
只為自己輸，不為男人戰／077
愛情不是信仰，婚姻不是必需／080
輕熟女之愛：情場換季，過季不候／083

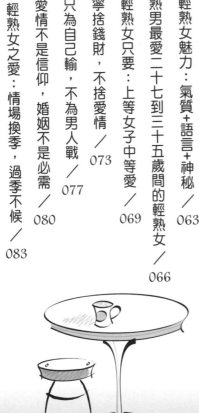

第02章 我要的愛情，非誠勿擾

♥輕熟女風情：性感是必備，感性是必需／085
♥生活要簡單，愛情要奢華／088
♥愛情不是時裝，不跟風是原則／091
♥輕熟女愛情：三分激情，七分理智／093
♥輕熟女經得起泡／097
♥愛情一招鮮：升級不換代／100
♥戀愛有規則，獨身有原則／103
♥不高估愛情，不高看男人／106
♥輕熟女愛情：愛男人四分，愛自己六分／110
♥嫁人比拼：嫁愛情還是嫁現實？／113

chapter 2

拒絕愛情的傷害，不拒絕愛情的成長／116
追男秘笈：沒有追不到，只有不想要／119
男小女操心，男大女舒心／122
高段位戀愛，低段位付出／125
誘惑是意志裡的蟲，放蕩是道德裡的蟲／128
混愛過時，純愛才流行／131
拒絕自私男，遠離曖昧男／134
成功男人並不一定就是好伴侶／137
不做滋養愛情跳蚤的女人／141
只讓他看到，不讓他得到／144
獵物還是獵手：驕傲與榮耀／147
要求可降格，幸福不降格／150
只為愛犯傻，不為愛犯賤／153
無法深愛，熟女止步／155

♥記住愉快的，忘掉不快的／158
♥愛情當道，慎用矜持／161
♥輕熟女一招鮮：悄悄偷走他的心／165
♥有愛不一定合適，合拍最重要／168
♥每段愛情都有特別之處／171
♥輕熟女抵制極品男／174
♥拒絕愛情不良男，寧缺勿濫／178
♥不忠愛情總死在劈腿上／181
♥男人最吃哪一套／184
♥識別壞男人的鬼把戲／187
♥輕熟女打敗貌美小情敵的獨家秘笈／191
♥如何讓他愛到不可救藥／194
♥愛要ＡＢＡ，不要ＡＢＣ／197

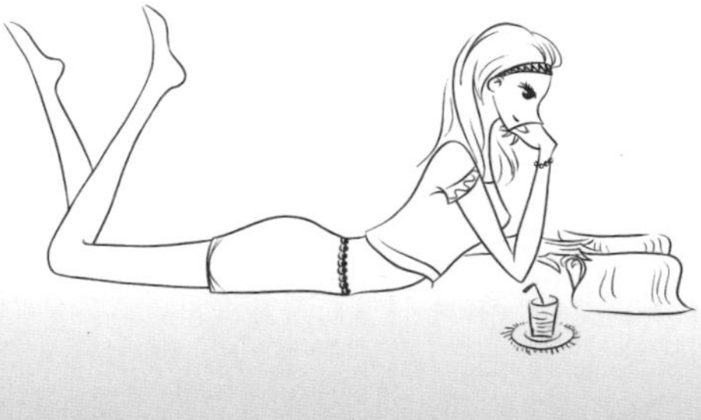

chapter 01

妳是哪個段位的女人

練武分段位，女人也一樣，擁有怎樣的段位，就註定擁有怎樣的人生。

輕熟女段位：藍帶剛剛好

按跆拳道的方式來劃分愛情中的女人，大致可以分為以下幾個段位：

白帶：入門新手，待受教。適用於年齡在十八歲左右的小女生，愛情等待萌芽。

黃帶：已受教，待成長。適用於二十到二十五歲的女孩，擁有愛情卻不懂得駕馭。

綠帶：正成長，待完善。適用於二十五到二十七歲的女子，有駕馭能力卻難以維護。

藍帶：很茁壯，趨成熟。適用於二十七到三十五歲間的女人，在成長中成熟，更關注自我。

紅帶：有攻擊能力。適用於三十六到五十歲的女人，意識到了防禦的重要並開始實施。

黑帶：相當成熟，貌似無敵。適用於做了祖母的女人，生活賦予的智慧使她們無敵。

很顯然，輕熟女的年齡在二十七到三十五歲之間，屬於藍帶。此類女人不僅有一定的生活閱歷，還有一定的職場地位，正處在人生飛揚向上的階段，對於愛情，也大都經歷過滄海桑田，所以就算此時是單身，也做好了迎接孤單的準備。外在的誘惑對於藍帶段位的女人來說，完全就是小兒科。在這個段位的女人早就明白——愛情可遇，但不強求。

對於生活安穩的輕熟女來說，她們關注更多的是自己。

輕熟女，顧名思義，「輕」是指外表和扮相，「熟」指的是年齡和內在。輕熟女之所以能修煉到外表淑女、內心優雅的程度，完全取決於她們的生活態度。

態度決定一切。對一個女人來說，最好的生活態度就是保證自己經濟獨立和人格獨立。當然，愛情也需要一個態度，那就是——愛我所愛，寧缺勿濫。

輕熟女擁有跟平常女人不一樣的東西，比如，處於上升期的職業會帶給她同樣穩定上升的收入，生活豐足；不斷積累的人脈會把她帶進上流社會，見識豐足；

隨著收入的增加和人脈不斷地更新，對於社會和人生有著全新認知，不論是生活水準還是眼界，自然高人一等……

綜合種種表現，輕熟女們大致有如下特徵：

一、經濟收入足夠支配；

二、精神世界足夠豐富；

三、個人品味足夠上乘。

如此女人，簡直可以用「精品」來形容。可也正是這種極致的優秀，才使得輕熟女跟愛情總是擦肩而過。一份合適的愛情，需要天意和人意雙重意向才能達成，缺失哪一「意」都不能成功。對於相對獨立的輕熟女來說，兩情相悅自然重要，但必須只屬於自己，且在有緣人的範圍之內，一旦超出這個範圍，再好的愛情對於她們來說也是雞肋。

輕熟女很自信，對於緣分她不錯過，對於有緣無分的感情她不強求，對於愛過卻最終以分手為結局的情傷，她也不耿耿於懷，依然寄希望於下一次。

一個女人修煉到輕熟女這個段位之後，心態基本成熟，知道什麼應該爭取，什麼必須放下，也明白人生和愛情的重要關聯。愛情來時，懂得把握；愛情走時，懂得愛自己。

就像藍帶段位的武者一樣，藍帶輕熟女在成長中日漸成熟。

七分熟女，一次只愛一個人

輕熟女的人生只有七分熟，七分熟女的愛情卻大有規則——一次只愛一個人。

三毛曾經說過：人的一生會遇到許許多多的緣，他們出現在你人生的某一個路口，陪你走一程，而你的一生就是由這一段段的緣連起來的。

女人是感情動物，在緣分和愛面前多是迷惘的，多感性少理性似乎是天下女人的共性，這樣的共性造就了太多感情遊戲。在愛情面前，輕熟女或趨之若鶩，或視而不見，其實無論是哪種表現，都恰好說明了一點——愛情之於女人，永遠是最好的化妝品。沉浸於愛情之中的女子，哪個不是燦爛明媚？失去愛情的女子，哪個不是晦暗無光？

愛情是女人的軟肋，但，愛情之於輕熟女，無疑是雞蛋遇上了頑石。

每個輕熟女都或多或少地遇到過愛情。經歷得多，對愛情便看得淡了，男人的殷勤和討好對她們來說，多了是虛偽，少了是誠意不夠；男人上進也好，頹廢也罷，對於輕熟女來說，若愛，一切都不是問題，若不愛，則一切皆無可能。

就像嚐過糖果的孩子，對於男人這顆糖果，輕熟女已經有了足夠的鑒賞力和抵抗力。

然而，愛情畢竟是每個女人渴望並必須擁有的東西，所以聰明的輕熟女並不拒絕愛情，在戀愛伊始便明白自己需要怎樣的男人，或是彌補自己某些不足的地方，或是能帶給自己更好的未來。總之，不論需要的是心理上的安慰還是現實中的改變，作為女人可以七分熟，但對待愛情卻要用盡十分的心思。

生活讓輕熟女明白，愛情雖無價，麵包誠可貴，之於現實，愛情必須好好衡量。

尋求的男人就算不是一輩子的長期飯票，但也必須是一世的安穩。

尋求的男人就算門楣低下，也必須有高尚的靈魂。

尋求的男人就算給不了豪門名車，至少也要讓女人看得到未來。

愛情之於生活，現實很重要；男人之於女人，安穩最重要。

輕熟女收入高，思想成熟，是許多熟男選擇另一半的理想對象，但很多男人卻並不瞭解輕熟女，他們不明白，女人這一生要的無非是生活和心靈上的雙重安穩。

所以，面對愛情，女人往往比男人執著。

一度風靡我國的日本電視劇《東京愛情故事》裡的莉香，曾說過一句至理名言：「我一次只能愛一個人。」一語道盡女人心聲。

誰也不能保證一生只愛一次，但是相愛時，必須保證只愛對方一個。

一次只愛一個人，是對別人的尊重，也是對自己負責。

輕熟女儘管在外人看來，只算得上七分熟，年齡和閱歷已有道行，但在愛情這個江湖裡，從不以資歷論，要愛，就要用專一對待。愛上一個人的時候，就要認真執著地去愛，負責任地去愛，不計前嫌地去愛，彼此多珍惜；就算這場愛情在哪天突然走不下去了，也要真誠地說對不起，開誠佈公地說再見，相互道珍重。

知道自己想要怎樣的生活，知道什麼樣的愛情適合自己，這是輕熟女謹慎選擇愛情的原因，也是得到幸福的最終砝碼。

為自己留三分：一分風情，一分純情，一分神秘

瓶子，若把它裝滿水，只會外溢。女人，若處事圓滑至無可挑剔，則只會讓人望而卻步。

輕熟女，年齡正適中，閱歷不淺不深，故稱為七分熟。聰明的輕熟女明白自己餘下的三分留在了哪裡，這就是——一分風情，一分純情，一分神秘。

輕熟女有一個特質，穿上工作裝，是所向披靡的鬥士；穿上旗袍，是風情無限的尤物；若換上家居女兒裝，又成了哭笑無常的毛丫頭。

輕熟女最美的地方就是亦熟亦不熟，似懂非懂。相較於熟女來說，輕熟女少了一份世故，多了一份淡雅。在男人眼裡，女人過於成熟只會過於世故，只能是可怕的對手，絕對成不了情侶；而淡雅的輕熟女就像他們茶杯裡的茉莉香一樣，醇香經久地停留在男人心上。

輕熟女的風情就像男人茶杯裡的茉莉，給予他們清甜的茶味，又給予他們無盡

的回味，不驚不擾地，卻成了男人們的心頭所好，常飲，便難以戒掉。

男人心中都藏著一個字——大。他們喜歡做大男人，在外面呼風喚雨，在家裡唯我獨尊，五千年的歷史遺留造就了男人以己為大的思想，所以，面對女人，男人渴望的還是小鳥依人。輕熟女已經過了隨意依人的小鳥年紀，她的翅膀漸漸硬朗，外面的風雨自己能夠承受，面對大男人的要求，除了一笑了之，只能偶爾撒嬌。

不經意流露出來的純情姿態，其實不是輕熟女的本意，她只是懂得給男人多留一份面子，為自己多爭取一些愛憐。借力使力的道理，輕熟女很明白。不然，格子間裡的男人們，為何喜歡為女同事效犬馬之勞？不然，同樣的求助，為何人們先幫一把的永遠是女人？

當然，一個聰明的輕熟女，除了懂得把握風情和使用純情之外，最重要的是她們懂得適時隱藏自己，神秘是另一種風情，讓男人猜不透，看不明白，隨他們去猜、去想像，最後的謎底只有輕熟女自己知道。就像頑皮的孩子在玩一個永遠不知謎底的遊戲，出題目的是女人，至於男人能不能猜得出，或者說猜出的謎底是否正確，那就要看他在輕熟女心中的地位如何了。

一個女人，沒必要讓男人看得清清楚楚，只要自己活得明明白白，這就夠了。凡事不必做得那麼滿，做人也一樣。七分熟女最大的好處就在於，有三分力量為自己保留，所以才沒那麼累。

輕熟女生活：有點年齡，有點成就

輕熟女不避諱年齡，年齡除了讓她成長之外，更重要的是，還帶給了她同樣的成就。

生活對於每個人來說總是公平的，年齡的背後藏著的是閱歷，閱歷的深淺造就了一個人的成就——或是來自於職場中的收穫，或是來自於心智上的成熟。總之，擁有年齡的輕熟女同時擁有成就。

有點年齡的女人，就算不是滄桑閱盡，也定是經歷過無數風雨的，在她面前，男人不要指望能占盡便宜；有點成就的女人，就算不是家資甚豐，至少也是衣食無憂的，在她面前，不要以為物質就能收買一切。

有點年齡的輕熟女，心智已然成熟，她不會計較一個人是年長還是年幼，但必須是懂得尊重並值得去尊重；有點成就的輕熟女，她不會以物質論英雄，但一定會以物質打狗熊，遇上娛樂男，她們照樣會以牙還牙。

有點年齡的輕熟女，享受年齡帶來的優雅姿態，更享受成就帶來的優越生活，
無論愛與不愛，她們永遠懂得如何讓自己更快樂。
輕熟女的生活——有點年齡，有點成就。
年齡是人生的賦予，成就是努力的結果。

輕熟女哪點最讓男人抓狂

男人喜歡輕熟女，二十七到三十五歲間的輕熟女是戀愛和結婚的首選。然而，偏偏就有一些輕熟女惹得男人望而卻步，她們身上流露出來的某些特質，讓男人很抓狂。

一、矜持過度

能和輕熟女牽手的男人，只有輕熟男或是熟男，此類男人按年齡推算也必是職場上的精英，時間寶貴，愛情可貴，得遇一個真心人，他們自然不想多浪費時間，約會按分按秒計算，婚期以月以日計算。可是，愛情中的女人是不以年齡論的，多大的女人都渴望擁有一份浪漫又從容的愛情，所以在職場上雷厲風行的輕熟女，一旦到了情場，便會化身成為小女人：喜歡約會時遲到，以觀察這個男人對自己是否有耐心；喜歡說一些聽起來無關痛癢，實際上卻想引起男人關愛的小話題；喜歡有事沒事把沉默當成戀愛的基調，讓男人去猜自己的小心思……凡此種種，對輕熟女來說，愛情無非就是如此，可對於和她戀愛的男人來說卻是一種折磨，對於男人來說，女人若總是矜持過度，那愛情只能有一個結果——猜得累了，大家只好分手。

輕熟女在職場上是鐵娘子，在情場上卻容易矜持過度。

二、把愛情當談判

有一個著名的戀愛橋段——女人總喜歡在愛情至濃時問男人：「如果我和你媽同時掉進河裏，你先救哪個？」說出來讓人想噴飯，可細想，哪個女人在戀愛時不曾這樣傻過？就算是輕熟女也不可避免。可是，男人卻對這個問題很頭痛，聰明的或許會說：「我會先救我媽，然後再跟妳一起去死。」不聰明的就慘了，答也不是，不答也不是，總要惹得女人不高興。

其實，這個問題問得多了，對於男人來說是種負擔，完全就是一場愛情桌上的談判。可對於女人來說，無論到了哪個年紀，愛始終是自私的，孰重孰輕，必須一分伯仲，哪怕另一個女人是自己未來的婆婆！

輕熟女明白自己需要怎樣的愛情，卻往往容易忽視男人需要怎樣的女人。面對一個連自己婆婆都要計較的女人，男人會如何選擇，想必答案一目了然。

以此類推，對於男人的表妹、同學、普通異性朋友，甚至紅顏知己，都沒必要去計較。他只想和妳走進婚姻，這就夠了。

三、把「隨便」當口頭禪

相識時，男人會問女人：「下次去哪裡玩？」女人一般答：「隨便。」

戀愛時，男人喜歡問女人：「喜歡吃什麼？」女人喜歡答：「隨便。」

熱戀時，男人再問女人：「何時去妳家？」女人無所謂地回答：「隨便。」

「隨便」一次，對男人來說，是一種智力考驗，隨便兩次，對男人來說，是一場心理戰，若第三次、第四次還是「隨便」，那男人就會暗自揣測，自己在女人心裏究竟佔幾分位置？

不是每個「隨便」都是禮貌的矜持，不是每個「隨便」都能讓女人看起來更可愛，作為一個輕熟女，更不應該將「隨便」當成口頭禪。要知道，「隨便」一多，對男人來說，妳就有可能成為一個沒主見的女人。

輕熟女明白職場下一個目標在哪裡，同樣也要明白愛情終點會停在哪裡。

四、盲目對比，盲目攀比

有句老話說：戀愛中的女人智商多為零。她們的心思全跟著心儀的男人跑了。可如今的形勢是，輕熟女在戀愛時，智商往往高到無可估量。就像Vivian，作為一名出色的品質監理，她不僅將工作監理得出色，對愛情也監理得無比精確。對於自己的男朋友，三十二歲的Vivian曾設下無數迷局以試真假。面對自己已經有了魚尾紋的臉龐，她的第一反應就是試探男友：「你覺得我和你前女友相比，誰的皮膚更好？」男友倒還聰明，謹慎小心地避開她的話題。面對男友的沉默，Vivian卻笑著分析說：「他不回答也好，至少說明他不虛偽，不用恭維前女友的漂亮，也不用提醒我的不完美。」話是如此，可她還是沒停下監理感情的腳步，最近又將問題換成：「和你的前女友比起來，是她對你好，還是我對你好？」這個問題，最終惹火了男友，對方提出彼此冷靜一段時間，看是否還有交往的必要。這可把Vivian嚇著了，她認為自己只是在問一些假設的問題，男友何必如此當真呢？

其實，男人最不喜歡玩的就是假設。所有假設都不存在，真正的愛情沒有如果，有如果的愛情只能說明兩人之間缺少信任。作為女人，又何必為一些不存在的問題而爭吵呢？

更何況，一個二十歲出頭的小女生如果天天問天上的星星有幾顆，或許還會惹起男人無比的愛憐，若換成輕熟女，怕只會招來他無盡的恥笑和不屑。

女人何為聰明？到了哪個年紀就說哪個年紀的話。

五、把鑽石的大小當成幸福的標準

輕熟女需要愛情並渴望婚姻，這是不爭的事實。而愛情和婚姻都是需要信物的，男人喜歡送的無非是鮮花和首飾，作為女人，也沒有哪個面對玫瑰和鑽戒不動心的。

真聰明的女人為之動心的是送禮物的男人，次聰明的女人則是男人和禮物都喜歡，傻一點的女人則是先為禮物動心，再對男人動心。

輕熟女的智商斐然，情商亦算正常，但難免會動小女人的心思，會計較收到的首飾市值多少，也算計哪個閨蜜的鑽石戒指大過自己的，怕不好意思展示……凡此種種，恰好說明是女人就有虛榮心，明知鑽石的大小代表不了幸福的多少，卻難免有計較。

輕熟女，就算心裡有計較，臉上亦是無表露的。

而聰明的輕熟女，計較的是幸福的多少，而絕非鑽石的大小。

輕熟女沒有「公主病」

每個女人心裡都有一個公主夢。

兒時是白紗飄飄的公主裙外加一個白馬王子深情的吻，長大後則是一份優越的生活和一個任勞任怨的忠實男人。

輕熟女的年齡和成就註定了她的生活品質上乘。而生活品質上乘的女人，定是非常小資的，甚至有幾分像公主。可在男人眼裏，過分追求生活品質的女人確實像公主，但她身上也有一定的「公主病」。

不管是不是美女，女人都可能患上公主病，容易產生自戀傾向，夢想獲得公主般的待遇，習慣受人呵護、伺候，依賴心強，行為嬌縱……雖說輕熟女心智趨於成熟，不至於如此蠻橫，但相較於普通女子，她身上多出來的那份優越感，確實也讓許多男人望而卻步。

而對女人來說，職場壓力已然很大，若面對自己的男朋友還要相敬如賓，不苟言笑，那確實活得夠累的。

身為女人，想要的男人，無非就是累的時候能成為依靠，苦的時候能博自己一笑，有成就的時候能夠跟自己一起分享……可人的心理畢竟不可能是同步的，不可能女人高興時也正是男人得意時，世事無常，或許正相反，當女人想要把男人當成依靠時，他也正經受著某種打擊；女人感覺苦悶時，男人或許也正職場失意……這時候的情人往往會心生埋怨，懷疑愛情：女人會覺得男人沒擔當，不夠愛自己；男人會覺得女人小心眼，太任性，完全一身「公主病」！

這世上太多愛情故事的終結，是在年少輕狂時，所以有太多人願意說——那時我們還不懂愛情。

而作為輕熟女，「公主病」的年齡已然過去，她明白人世的艱險，世事如棋，更懂得如何去安慰男人，而並非讓男人來安慰自己。

娛樂圈近來流行姐弟戀，很多人都不看好，甚至悟不透那些小男明星們為何會喜歡大自己十幾歲甚至幾十歲的大女人。對此，比歌手吳瓊小十五歲的阮巡曾說：「她比任何女人都懂我。」一個「懂」字道盡一段愛情的精髓，也恰恰說明一個問題——和成熟的女人戀愛，是安全又舒心的。

作為輕熟女，對愛情自然有要求的權利，但更重要的是，她身上沒有「公主病」，那些任性和嬌縱的症狀已然交還給了歲月，餘下的只是理解和尊重，而這些，恰是男人需要的。

每個輕熟女都要有孤單的準備

有一句話說，一個人身體的孤單，總好過心靈上的寂寞。意思是說，身邊沒有人陪，或許你孤單的只是身體，若有人陪，而這個人卻走不進你的心裏，那你的心才是真正的荒蕪。

可就是有這樣的女子，寧願心靈寂寞，也要找個伴兒來滿足身體上的孤單。

這是一個多元化的社會，人與人相識的管道已然太多，不經意地點開網路，或許就會有成千上萬的人來跟你打招呼：好的，壞的，優秀的，墮落的。螢幕那端的男人究竟如何，你並不知曉，只是感覺孤單，所以選擇了在一起，瞭解，分手，再糾纏。這些交往中有多少愛，又有多少恨，都不重要，重要的是，曾經不孤單的身體經過這一番折騰，更寂寞了。

輕熟女的年齡很尷尬，註定要走上相親的道路，而這其間的等待怕是最長久的功課，在等待中認清自己，明白自己，這未嘗不是一種收穫。

其實，每個女人的心裡都有一桿秤，拎得清自己的斤兩，更量得出適合自己的另一半。所以，適時的孤單也未必是壞事，給自己多一些等待，多一些思考，下一步的選擇才會更加從容。

孤單的女子容易墮落，孤單的輕熟女卻更容易上位。

趁一個人正自由，有更多的時間去流覽大好河山，旅途或許是孤單的，但心靈卻是滿足的，鏡頭裡的地方總有一天會成為妳戀愛路上的好幫手，告訴將來的那個男人：我曾經多勇敢，一個人翻山越嶺。

自由的人總是容易多出一些靈感，趁機多學習一些專業知識。心無雜念的人才容易讀得進書去，書中就算沒有顏如玉，至少也能讀出個黃金屋，要知道，好學的人易上進，上進的人易發達，上天終究厚愛勤奮的人。

輕熟女明白孤單是一種力量，是上天賜給自己難得的空間。愛情雖然沒來，但至少自己學習了，長進了，這就夠了。

每個輕熟女都要有孤單的準備：寧願身體孤單著，也要心靈豐富著；寧願時間閒散著，也要心靈飽滿著。

孤單是一種力量，聰明的輕熟女懂得去挖掘。

成熟只是開始，態度決定一切

有句話說，細節決定成敗，性格決定命運，態度決定人生。

其實作為女人來說，態度也可以決定妳的一切。

想必大家都聽過這樣一個故事：一個青年在異地碰到一位老先生，年輕人問：「這裡如何？」老人家反問：「你的家鄉如何？」年輕人答：「糟透了！」老人家說：「那你快走，這裡和你的家鄉一樣糟。」後來又來了另一個青年問同樣的問題，老人家也同樣反問，年輕人答：「我的家鄉很好。」老人家說：「這裡也同樣好。」旁聽者詫異，問老人家為何前後說法不一致呢？老者說：「你要尋找什麼？你就會找到什麼！」

這個故事的意思是說——當你以欣賞的態度去看一件事，你便會看到許多優點，而以批評的態度去看，你便會看到無數缺點。

態度決定一切。

輕熟女趨向成熟，早就懂得愛情不是生活的全部，相對於親情、友情，愛情珍貴卻並非唯一。而一個女人思想的趨於成熟，只是人生的第一步，僅僅是一個開始，要走好漫漫人生路，態度始終占第一位。

每個輕熟女至少應該給自己定五個目標：工作、感情、健康、旅行、堅持愛好。

工作是輕熟女必須擁有的，它不僅是生活的保障，還是一種精神的寄託，工作為輕熟女打開的是一扇通往成功的門。推開這扇門，輕熟女收穫的不僅是職場成就，還有做人的成就。

感情不論是親情、友情還是愛情，都是輕熟女需要的。女人天生多愁善感，感情支撐越多，女人就越堅強，無論哪種感情，在女人心裡其實都是一樣重的，且必須擁有。

健康是輕熟女必備的，每年的體檢，檢查的只是身體，輕熟女的內心也需要時時檢查，不怕妳不快樂，就怕妳不知道自己為什麼不快樂。

一個健康的人是由內而外的。如同旅行，不是簡單的外出走走，更不是多收穫幾縷春光這麼簡單的事，它需要的是一個女人細膩的心思和發現的眼睛，不要太在乎自己想去的目的地，只要記住沿途的風景，這就夠了。

每個輕熟女都應該有一份愛好，並且堅持。或是小小的一份女紅，或是一篇宏偉的巨著，也或許是某項運動，不論是靜還是動，只要是妳的愛好，就有必要堅持下來，愛好能帶給妳心靈的愉悅。

目標不是任務，不一定非要完成，但一定要認清並堅持，這就是一個態度問題。

輕熟女需要積極向上的生活態度，對待人生如此，對待感情如此，對待一切亦如此。

好的生活態度，是輕熟女成熟心態的重要標誌。

感覺孤單是需要戀愛的前兆

一個人的生活或安靜，或喧囂，沉寂過後，總是需要人陪伴的。對於待嫁的輕熟女來說，感覺孤單是需要戀愛的前兆。

但是，戀愛不是買賣，有需求就有供應，這需要用心去發掘，用時間去等待。

一個需要戀愛的輕熟女，心思不會更加細膩，反而越來越慌亂。因為不知道自己將遇到一個什麼樣的男人，所以心裡慌慌的，怕遇到錯了的人會難過，還怕遇到對了的人會錯過。總之，面對愛情，心智越成熟的女人越容易慌亂，因為考慮的事情太多，反而讓問題成為負擔，重壓之下，自然不能輕鬆面對。

同一辦公室曾有兩個同事，一個是二十歲出頭的小女生A，剛參加工作便迅速搭上公司裡的一個離異中層，成功甩掉大學時熱戀多年的男朋友。另一個是循規蹈矩的輕熟女B，將近三十歲卻未得嫁，每次相親都小心翼翼，生怕被人知道，萬一不成功會遺人笑柄。如此不同的做法，使得兩個女子成了辦公室裡的熱門話題，所有人都說二十歲出頭的小A會很快嫁人，而小B則還要繼續尋找。卻不料，沒出兩個月，小A和中層分手後又回到原來男朋友的身邊，而小B卻覓得真命天子正式熱戀。

故事講到這裡，或許大家會認為還是輕熟女小B穩當，步步為營，眼見著修成正果。其實，結局並非如此。

小B戀愛的那段日子裡，她比任何人都慌亂：如果男朋友來接她下班，她會覺得多餘，不來接，又會感覺對方不重視；如果男朋友請她吃西餐，她會覺得中餐合胃口，而如果去吃中餐，她又會覺得不夠高級。雖然如此，小B倒是坦誠，她只是在考驗男方，其實心裡對這個男人還是有幾分喜歡的，可正因為喜歡，她才想多加考驗一番。只是她忘記了，男人是最沒耐性的動物，看不到希望的戀愛，他們大多會選擇放棄。所以，在大家等待著小B瓜熟蒂落的時候，她卻分手了。

小A卻不同，跟男友復合之後，怕再有變故，迅速結婚，嫁作人婦，從此塵埃落定。她說，她怕了愛情的反覆，更怕了孤單。

小B也一樣，面對新任男友，她也承認，孤單久了才想戀愛，而一旦真的戀愛以後，失去自由的心靈又百般糾結。

這樣的結局，除了讓人大跌眼鏡之外，無非在告訴我們一個道理——有喜歡的人陪伴你，就是福氣，就要好好去接受，別再挑三揀四，再三猶豫的結果只能是勞燕分飛。感覺孤單是需要戀愛的前兆，不盲目戀愛，但一旦有喜歡的人在身邊，就一定要抓住。

在感情面前，多想反而多失。輕熟女面對愛情的過多考慮，往往會失去戀愛的最佳時機，要求的東西越多，所背負的愛情就越重，哪天背不動了，愛情也死光光了。

孤單的時候，花點心思想明白自己需要怎樣的愛情；不孤單的時候，花點心思想想如何維護與眼前人的這段緣分。

一個聰明的輕熟女，不隨便分手，亦不隨便戀愛，她受得起孤單，更受得起愛情。

行為拒絕偽單身，精神學會單身

輕熟女不輕易接受感情，卻總是被男人包圍。在男人眼裡，和輕熟女在一起談情說愛是件悅心又省心的事，因為她知進退，易溝通。

朋友小艾是個時尚女小資，獨立自主，工作能力一流，人漂亮，屬於女人中的極品，跟男朋友談了兩年感情，正準備進入婚姻的時候，卻突然發現男朋友被一個不起眼的打工妹搶走了。她怎麼看，都看不出打工妹究竟哪裡比自己優秀，遂不服氣地痛批昔日男友，不料對方的回答竟差點讓她噴飯！

男友說：「妳太獨立，有車有房，還有工作能力，經常出差，飛來飛去的，壓根就是一個女鐵人。但她不一樣，物質上一無所有，精神上也不夠獨立，上街遇上隻老鼠都會被嚇哭……簡單來說，妳沒有我也可以過得瀟灑，但她不能沒有我。」

聽聞男友一席話，小艾徹底傻了眼。一直把自強不息當做奮鬥己任的她，這才發現女人過於獨立竟然是一種錯！

經歷了這樣一段感情的小艾，在接受第二段感情時，便顯得小心翼翼，學會了事事跟男朋友彙報，徵求對方的意見，也學會了在某個午夜打個電話，百般委屈地告訴對方自己做了噩夢，一副小女人的可憐模樣。可惜好景不長，剛開始男友會好言安慰，後來便開始煩了，他最受不了自己正開會時，小艾打電話過去嚷著說自己出差一個人害怕……結局可想而知，小艾的第二段感情又結束了。她不明白，自己已經試著做個小女人了，為何男友還是變了心？

男友一言點醒夢中人：「做女人可以依賴，但能不能有個限度？」

道理很簡單，男人也有累的時候，他們也有想休息的時候，作為女人不能時時處處打擾他們。一句話：聰明女人懂得在行為上依賴，在精神上獨立，有了伴侶的女人就應該學會——行為拒絕偽單身，精神學會單身！

自己的事情可以由男人來幫忙做，但自己的精神世界必須自己來統領，這才叫聰明。

太多男人在跟某女人初識之後，喜歡說這樣一句話：「只有妳最懂我。」作為女人，不論何種年紀，千萬別相信。懂男人的只有他們自己，連父母和哥們都不可能懂得，何況是剛認識的妳？就算交往了十年二十年，妳看到的也只是他的外表，懂得的也只是他的喜好，遠非內心。

男人這東西，永遠不希望自己被外人瞭解，之所以這樣說，只是因為他們不希望妳太黏他，妳要懂得何時見面，懂得何時消失，足夠獨立。

對於輕熟女來說，愛情這巫山也不是未曾得見，對男人的這些話自然有了一定的免疫力，可是心機頗深的男人又會說：「妳是我見過最與眾不同的女人。」此一言，假得足以亂真，若女人辯駁，他會說：「每個女人確實是不一樣的呀，我沒說假話哄妳。」若女人相信，那男人就要偷著笑了。

作為一個聰明的輕熟女，就應該明白，對男人這種動物就不能抱百分之百的希望，把他放在一個可有可無的位置上之後，男人自己就會著急了。

作為女人，就是要讓男人明白——我的生活需要你，但我的精神完全屬於自己。

俗氣可忍，惡俗該殺

做人不能過於惡俗，特別是女人，過分俗氣只會讓男人敬而遠之。先來看看，在男人眼中，怎樣的女人才叫惡俗。

裝清純。這個不難理解，特別是對輕熟女來說，年齡的存在已經向對方昭示了自己的閱歷和資歷，所以沒必要在他們面前把自己扮成小可憐。

裝矜持。輕熟女就是落落大方的代名詞，職場上是男人的對手，生活中是男人的榜樣，這是輕熟女的必備品質，更是男人對輕熟女的要求。

裝小資。眾所周知，輕熟女最有資格說自己是小資，但男人並不喜歡女人過於小資，他們會覺得小資的女人不好養。

裝賢慧。輕熟女的內心都是賢慧的，但行為上卻未必，會煮咖啡不一定會煮菜，會在酒桌上應酬不等於會在家裡料理，男人是小氣的動物，往往把自己偽裝得很厲害，卻容不得女人偽裝。

裝個性。雖說脾氣是與生俱來的，但個性還是要學會隱藏。對男人來說，不怕一個女人過於個性，就怕她過於裝個性：明明性子是溫和的，偏要裝成潑辣；明明是潑辣的，卻又要扮成溫順的，極大的反差只會帶給男人極大的厭惡。

以上這些在男人看來就是惡俗的表現。不要說男人要求過多，不要說女人不易做，身為輕熟女，早已經看淡了雲捲雲舒的世俗，可以容許自己不小心沾染上市井之氣，但不能任由自己不小心走向惡俗。

在這個越來越物慾橫流的社會，不僅女人渴望返璞歸真，男人也一樣，他想要的女人無非是要有一副淡妝容，一份真性情。就算是能夠獨當一面的輕熟女，在俗與雅的邊緣，男人想要的還是一個雅致。

雅致的女人對於男人來說，勝過飯前的開胃小菜，不見得有多貴，至少能讓人提神，有食慾；而惡俗的女人對於男人來說，就是冬天的寒霜，天寒地凍本已經夠冷的，若再為男人添上一份寒意，那無疑會讓他從頭冷到腳，從身涼到心。

作為一個聰明的輕熟女，不僅要懂得把握男人的脈搏，更要懂得為自己診斷，提升自己，克制自己，同時也提醒自己——小小的俗氣可以顯露女人身上的煙火氣息，但大大的惡俗卻只會讓男人望而卻步。

十大殺手鐧，提升輕熟女吸引力

輕熟女的養成不僅需要時間的累積，更需要修煉。深層挖掘輕熟女的十大殺手鐧，好好運用，一定能事半功倍。

一、女性最偉大的光輝不能丟

一個女人最偉大的光輝，無疑就是身上時常流露出來的母性，已婚的慵懶，未婚的可愛。對未進入婚姻的輕熟女來說，婚姻只是一步之遙的事情，而歲月在其身上累積出來的母性光輝，卻愈來愈吸引男人，或是職場中不經意的一次援手，或是生活中偶然的一句問候，都會惹得男人心潮澎湃。

二、聰明的輕熟女一定要懂得運用風情

風情無罪，有罪的是某些人的內心，所以不要畏懼，更沒必要計較那些瑣碎的

流言。女人的風情可以是無意流露，也可以是刻意製造，總之，能讓男人心動並甘心為妳去付諸行動，妳就是成功的。風情是女人最有用的殺手鐧，絕對事半功倍。

三、風情最好的伴侶是女人味

一個女人可以不用任何牌子的香水，但一定要有自己的味道，這味道可以是妳的小個性，可以是妳獨特的笑聲，甚至是妳呼出的氣息。總之，味道是一個女人的標誌，有了它，才能讓男人根據自己的喜好去聞香識女人。

四、行為優雅勝過一切語言表達

當語言已經難以表達自己時，一個聰明的女人會直接用行動來闡明立場。就算所經歷的事再不齒、再生氣，輕熟女也會因時制宜，尋找到最佳的解決方案，就算最終找不到解決問題的辦法，輕熟女也懂得禍從口出的道理，三緘其言。一個行為優雅而不失分寸的女人，走到哪裡都是受歡迎的。

五、獨立是一種別樣的美

輕熟女大多行為獨立，思想更獨立，這也是她吸引男人最有力的殺手鐧。獨立的女人就像一株開在雪地裡的梅花，俏也不爭春，卻有一種別樣的美。

六、心越高貴人越美麗

別以為低下身段，男人就會認為妳賢慧，更別以為內心卑微，男人就會因此而強大起來。輕熟女之所以一直徘徊在愛情邊緣，最大的原因無非是找不到真正欣賞自己的男人，所以願意去看低處的風景，希望那裡會有自己想要的春天。認清自己，同時也給別人多一個機會，這是值得提倡的，但聰明的輕熟女更加明白，身段可以低下，但心靈必須高貴。心靈高貴在於內在的追求，而非外在的擁有。作為女人，心越高貴人就越美麗。

七、內在是無窮的寶藏

輕熟女的年紀和閱歷使她擁有無比強大的內心，不論生活如何變遷，不論感情如何反覆，她總有解決的辦法。這樣的女人就像一座無窮的寶藏，讓男人越挖掘越有價值感。

八、寧做知己不做紅顏

男人喜歡並渴望擁有紅顏知己，先紅顏後知己，意思很明瞭，有一個漂亮的女人成為自己的聆聽者，這對男人來說既是一種面子又是一種享受，哪天再來一場恩愛纏綿，那男人就認定自己是賺大發了。聰明的輕熟女在未進入婚姻之前，只要記得——寧做知己不做紅顏。成為男人的知己，多聽聽他們的心聲，細加衡量自己和這個男人有沒有繼續下去的必要；不做男人的紅顏，給他們保留了一份希望，同時也為自己保留了一份神秘。要知道，男人只愛新鮮，讓他看到卻不讓他得到，這樣的女人才最令他們渴望。

九、無論何時都要懂得愛自己

職場忙，生活累，感情不如意，這樣的人生對輕熟女來說實在不輕鬆，更何況，人生不如意十之八九，除了親情，女人最受不住的就是愛情的挫敗。聰明的輕熟女都明白一個道理——能遠離的愛人便不是真正愛自己的人。懂得愛自己的女人在男人眼裡不僅是值得尊重的，更是讓他們心安的，在男人眼裏，一個懂得愛自己的女人更懂得如何去愛別人。

十、適時放手，善待一切

適時放手，懂得何時放下，心存一份善念，善待一切。哪怕是職場上的對手，曾經交鋒令你十分不快，也要學會適時放手，有時候機會不是唯一的，但朋友卻是永遠的。同樣，面對世俗的紛擾，就算做不到寬容一切，至少可以心存一份小善，輕熟女明白，有時候寬恕別人就是在寬恕自己。

想做一個人見人愛的女人並非易事，對輕熟女來說，多修煉自己才是王道。

輕熟女須有：七分世故，二分人情，一分任性

輕熟女的魅力不僅在於外表，更多的還是內心。

一個聰明的輕熟女懂得給自己定位，並知道，真正的輕熟女必須有七分世故，二分人情，一分任性。

七分世故。身處世俗，必然會被許多俗事打擾，對於輕熟女來說，處理日常俗事已然綽綽有餘，良好的職場人脈，上乘的生活閱歷，令她懂得見風使舵，更懂得如何保護自己，再大的人生起伏也嚇不著她；面對比自己強大的敵人，輕熟女懂得適時迎合更懂得適時打擊；面對弱小，輕熟女不吝援手；面對人際糾紛，她明白什麼叫圓滑；面對世俗，她更懂得什麼叫入鄉隨俗。用八面玲瓏來形容輕熟女亦不為過，她是用頭腦交際的女人，令人欣慰亦令人折服。

掌握七分世故，是輕熟女必須面對的課題，沒有人能面面俱到，但必須設想周到。

二分人情。這是一個人情社會，從上至下，由古至今，各種人情總是夾雜在中間，作為一個輕熟女，不論是職場還是人脈都積累到一定的程度，面對人情，自然懂得把握，之於職場人情，必須衡量利益輕重，之於普通人際交往，必先計算情可深意可重。說穿了，人情就是一種債，曾經討過的都要還上，曾經施捨過的總有一天也會賺回來。

對於輕熟女來說，手握幾張人情牌，也不失為聰明，畢竟這是一個相互利用的年代，說不定哪張人情牌在危機關頭就會派上用場。

一分任性。對於輕熟女來說，年齡和閱歷使她已漸漸遠離了任性，似乎在眾人看來，任性的女人便不是成熟的女人，所以熟女們寧願暗地裏委屈，也不肯大聲說出來，其實這並非一種自我安慰的良方。有愛要大聲說，這樣才會收穫，同樣，有怨也要說出來，如此才能得以解脫。任性對於女人來說，不論到了哪個年齡都需要，有一點小任性的女人才讓人覺得可愛，更感覺真實。

但是，作為一個輕熟女，不要把任性當成家常便飯，偶爾用之方顯神通。任性是女人的一種武器，懂得運用，適時而用，這才叫真聰明。

總之，輕熟女不是真正的熟女，更不是完人，她有自己的大智慧，也有自己的小缺失，恰是這種不完美造就了真性情。

七分世故讓輕熟女沒有完全脫離世俗，二分人情讓輕熟女有了幾分親近感，一分任性更道盡了小女人的細膩心思！如此女人才是男人真正需要的，要知道，太完美的女人對男人來說只是壓力，而非動力！

讓男人看得到你的好，讓男人想追隨你的好，這一點，只有七分熟的輕熟女才能做得到。

每個輕熟女都有自己特殊的味道

每個女人都有自己特殊的味道，小女人有小女人的溫婉，大女人有大女人的強悍。作為輕熟女，她的味道則散發在小女人和大女人之間，溫婉又從容，淡雅又濃郁。

曾有人說：做女人一定要有女人味，女人味是女人的根本屬性，女人味是女人的魅力所在。女人沒有女人味，就像鮮花失去香味，明月失去清輝。女人有味，三分漂亮可增加到七分；女人無味，七分漂亮降至三分。女人味讓女人嚮往，令男人沉醉。男人無一例外地會喜歡有味的女人；女人征服男人的，不是女人的美麗，而是她的女人味。想來，做女人不易，想要修煉一身女人味，更不易。

對於輕熟女來說，女人味就是一種上乘的生活品味，一種豁達的人生姿態，一種真誠的交際態度，一種讓人難以捨棄的優雅。

擁有上乘生活品味的女人，必是講究生活品質的，令自己身心健康的事物，她們都願意去嘗試，或美食或運動，怎麼開心怎麼來；同樣，豁達的人生狀態不是每個人都能擁有的，不論是順境還是逆境，輕熟女都明白一個道理：雨過終會天晴，就算風雨再大，太陽總有一天還會露臉的，所以一如既往地堅守自己；真誠的交際態度是輕熟女最令男人喜歡的一種味道，真實的呼吸，真實的交往，真實到只有男人和女人的身分分別，幾近原始狀態的人際關係突然之間變得簡單起來，不僅輕熟女輕鬆，男人更樂得輕鬆；當然，最讓男人難以捨棄的還是輕熟女身上的優雅氣息，對世事的把握，對世俗的瞭解，對人情的掌控，使得輕熟女幾乎所向披靡，面對一個優雅至極的女人，男人除了欣賞便是敬畏。

說到底，女人身上的味道是用來誘惑男人的，男人喜歡，才是真的好聞。女人味是需要男人這種動物來發覺並定位的，在男人眼裡，女強人不可愛，小女人不能愛，所以輕熟女的七分熟就成了他們的最愛。他們喜歡在輕熟女的身上花時間談戀愛，無非是因為輕熟女身上特殊的味道，這味道就是——愛要勇敢愛，分要勇敢分。

輕熟女身上的特殊味道讓男人們明白，這類女子不易愛，想要追上她，必須先學會聞其味，順著她的味道捉摸她的內心，這樣才不至於完全潰敗。

每個輕熟女都有自己特殊的味道，不需要刻意去粉飾，更不會故意去隱瞞，輕熟女願意將自己的味道毫不保留地展示，至於是否適合大眾口味她不在乎，她只在乎自己內心是否真的快樂。

一個關注自己內心的女子，本身就是有味道的，那是一種專注於自我的美，猶如一株暗地開放的玫瑰，擋不住的芬芳，早已引得男人前來。

輕熟女魅力：氣質＋語言＋神秘

輕熟女的真正魅力不是讓男人迷戀，而是令男人折服。讓男人迷戀的女人多是憑藉外表的妖豔，而令男人折服的女人卻是用內在打動了他。

輕熟女既有年輕女子的活潑天性，也有成熟女子的睿智本性，不論對人還是對事，她都有自己的獨特見解。

讓男人第一眼難捨的是輕熟女的特殊氣質。

輕熟女不論是一身嚴謹的職業套裝，還是悠閒的家庭休閒裝，舉手投足間的氣質是無與倫比的，既有年輕女子的活力，又有成熟女子的優雅。輕熟女的身上散發著濃濃的女人味，連微笑都帶著三分甜和兩分辣，在男人看來，氣質高雅的女人或許容易找，但能夠將未熟和成熟兩種味道集於一身，這就足夠讓他難捨難分了。對於輕熟女來說，多讀書，多遊歷，開闊的不僅是人生，還能很好地提升自己的氣質，或是江南小女子的溫婉，或是北方大女人的剛烈，哪怕是一身書卷氣的林妹妹，對男人來說也是一種上乘誘惑。

其實，輕熟女最讓男人動心的還是她們的語言。

和輕熟女交談，男人會發現，她嘴裡吐出來的不是某個國際大牌有多耐穿，而是大牌背後鮮為人知的創業史；在輕熟女嘴裡吐出來的永遠不是某樣東西多珍貴，而是珍貴背後曾經的付出。越交往越會發現，輕熟女的思想正趨向成熟，在她嘴裡不會吐出對棒球的詛咒，而是能分析出棒球到底失敗在哪裡。在她嘴裡吐出的時事政治和經濟歷史的資料，往往比男人本身分析得還要透徹。小女人的嫵媚不難尋覓，但大女人的智慧卻並非所有女人都具備的，從這一點上來說，和輕熟女交流對男人來說不僅是一種聽覺享受，還是一場聽覺革命，她徹底打翻了男人對女人除了化妝品和衣服之外不懂世事的固有評判，喚醒了男人深層的某根神經，令他不得不對女人多一份尊重。

輕熟女喜歡濃烈的咖啡，也不拒絕寡淡的清水，她不強求過分小資，也不吝嗇平民化的快樂。

當然，輕熟女偶爾也有調皮的時候，心情來時，她不會讓你看出自己的真正意圖，或許前一秒還跟你探討著大盤走勢，後一秒便會指著遠山風景說想旅行了。她不會經常失約，但卻常常需要一些單獨的空間。就像古裝劇裡那些精靈古怪的俠女一樣，來無蹤去無影，帶著幾分神秘，這份神秘感讓她既保持了自身的魅力，也更好地留給男人更多的遐想。讓他看得到自己有心思，卻不讓他猜到究竟是為何，輕熟女身上特有的神秘感，往往是激發男人想更深一步瞭解的最大動力。

輕熟女的氣質是職場上的凜冽，更是生活中的從容；輕熟女的語言有女人的溫柔，也有女人不一樣的眼光和見識；輕熟女的神秘既是留給自己的單獨空間，更是男人難以遏止的想像。

聰明的輕熟女越在意某個男人，越要把神秘感保留到最後。

熟男最愛二十七到三十五歲間的輕熟女

曾有人做過一個調查，問卷主要針對二十六到四十歲以下的未婚男性，問及他們對輕熟女的感覺，以及是否有和輕熟女交往的打算。答案是，年齡越小的男人越喜歡跟輕熟女交往，原因有三：

一是跟輕熟女交往沒有物質上的壓力。

當今社會，物質比精神氾濫，男人面對另一半的無限制消費，或多或少都有抱怨，若是本身經濟能力有限便更難滿足。而輕熟女大多職場得意，收入穩定，同時思想也趨向成熟，她懂得為自己打算，更懂得為男人考慮，不會在物質上起衝突。就像娛樂圈的女星嫁入豪門一樣，就算女人再愛錢，至少自己也應該能賺，別指望豪門的背後只有掌聲沒有反對聲。作為一個普通女子，自食其力並有能力，這才是男人們所需要的。

二是跟輕熟女交往沒有溝通上的障礙。

不論多大的男人，只要進入了社會，身上就有了一定的責任和壓力，和年輕女子的任性相比，輕熟女佔有更大的優勢，懂得體恤男人的辛苦，懂得適時安慰和如何安慰。男人喜歡的話題始終和女人不同，若一個女人沒有足夠的內涵，則會跟不上他的步調。輕熟女則不一樣，她的思想不見得有多深邃，但至少與幼稚絕緣，男人跟她做的不僅是一種交談，更是思想上的相互交流。不少男人私下說，和輕熟女交流是一種別樣的享受，既有感觀上的享受，還能解開自己很久解不開的心結，一舉兩得。

三是相對成熟的男人道出來的，他們覺得愛情和年齡無關。

這就給了許多輕熟女機會，不是小男人才愛輕熟女，大男人更明白輕熟女的可貴。曾聽過一個真實的故事，一個三十二歲的輕熟女和一個二十三歲的年輕女子競爭一個三十一歲的優質男，面對成熟的三十二歲輕熟女和年輕的二十三歲任性女，優質男先是很男人地選擇了年輕女，在他的眼裡，女人就是要用來疼和愛的。面對這樣的結局，三十二歲的輕熟女只是一笑置之。兩個月後，優質男和年輕女的交往還是出現了問題，他感覺自己越來越無法滿足年輕女的要求，比如她讓他穿幼稚的卡通情侶衫，戴小丑的帽子，然後大搖大擺地拉手上街。沒料到的是他竟遇上了公司的高層上司，對方眼裡流露出來的不屑讓優質男不寒而慄，隨後一個國際大單便失手於人，上司對此的解釋是：「穩重的人更適合做這個單子。」言外之意，上司對那天他的舉止十分不滿。最讓優質男接受不了的是，年輕女喜歡玩浪漫，還需要他時時刻刻地配合，比如在人來人往的東區，她喜歡跟他分食同一根雪糕，或者故意讓他低下身子給自己繫鞋帶，甚至年輕女還喜歡停在原地讓他背著走……時間不長不短，兩個月後，優質男結束了和年輕女的戀愛。同時他想起了輕熟女的好，這兩個月的時間裡，每每心裡有苦惱，她都是他忠實的聽眾，無論面對任性的年輕女孩，還面對職場裡的紛擾，輕熟女從來都是抱以寬容的姿態，從不抱怨，從不委屈，從容淡定地看著他們由合到分。結局可想而知，輕熟女用自己獨特的優雅打動了優質男，不久，對方徹底折服在她的魅力之下，兩人攜手走進了婚姻。

對男人來說，年齡不是女人唯一的法寶，對於思想成熟的男人，他們更喜歡二十七到三十五歲間的女人，這個年齡段恰屬於輕熟女所有。

輕熟女只要：上等女子中等愛

輕熟女過於優秀，職場上不僅與男人針鋒相對，還有可能是男人的上司，生活中懂得的亦不比男人少，閱歷和資歷使她成為女人中的「雙料皇后」，以至於讓男人望而卻步。

輕熟女中，可凡無疑是一個傑出代表。她早年留學歸來，順利進入一家大型事業公司，由於業績突出，很快成為一名中層幹部，唯一可惜的便是她的終身大事。在父母看來，優秀的女兒自然不捨得「下嫁」；而在朋友看來，職場和生活均優越的她，又成了一塊燙手山芋，畢竟，天下哪有那麼多物質和精神雙重優秀的男人？所以婚事一直懸而未決，對於可凡來說，自己的優秀反而成了愛情路上的攔路虎。所幸，她還是遇上了一個各方面都很優秀的男人，對方上知天文下知地理，事業成功，長相也過得去。在所有人眼裡，這一次可凡終於覓得白馬王子了，卻不料，交往不足半年，兩人還是分了手，問及原因，她欲言又止，最終道出了一個最淺顯的道理，她說：「兩座高峰只能連在一起，卻不能排成一對，那樣誰也看不到頂。」言外之意很明顯，兩個優秀的人走到一起之後，如果學不會相互欣賞，那只能相互傷害。

又是一年過後，可凡年齡又長了一歲，雖然職位再升一級，但她卻並不覺得快樂，索性放下一切獨自去旅行。這場旅行給她帶來一段不一樣的感情。旅行中，她遇上一位和她一樣獨自成行的男人，年齡適當，又都是孤身旅行，相互幫忙的兩個人很快成為朋友，相互留了聯繫方式，一場異地戀隨之開始。情到濃時，男人為了她千里來相會，男人說：「我不希望妳為我離開自己的家鄉，流浪的事應該由男人來做。」只此一句，可凡便認定了這個男人，可是想要帶這個男人回家認雙親，還是有難度的，她知道，這個男人不僅沒有好的家世，也非高學歷，更主要的是現在連工作也丟了。可是面對癡心的男友，她還是堅定了愛情的信念，將其帶回家接受父母最後的檢驗。

不用問，男友進到家門自然要經受一番考驗的，可凡的父親是中學教師，一進門就把一盤高難度的棋局遞到他眼前，讓其破解。可凡正擔心呢，男友根本不會下棋。所幸，男友很坦誠，主動坦白自己不懂棋，但一眼卻瞧見了老人正喝著的茶，轉而將話題換成茶，做茶業生意出身的他，說起茶道滔滔不絕，這倒吸引了準岳父。只是，可凡的母親就沒那麼好對付了，男友進廚房，老人會說這樣的男人沒出息，不幫忙又說不過去，總之，可凡的母親一直覺得只有樣樣優秀的男人才配得上自己的女兒。面對母親的固執，可凡不知如何是好，最後還是男友聰明地化解了這場見面危機，在準岳母面前不急不慌，總站在身後，隨時搭上手，不管臉色如何難看，都微笑著接受，並告訴可凡的母親：「阿姨，您是可凡的母親，也就是我的長輩，說什麼我都接受。」只此一句，打斷了老人不停的嘮叨。一餐飯下來，也算是賓主盡歡。

雖然事後許家二老對女兒的男友還有不滿，畢竟他的條件差了些，但相對來說，見面之後他們對男友的態度也有了一定的改觀，特別是看著可凡每天幸福地進進出出，兩位老人也算默認了這段緣分。

一年後，可凡結婚，排場不大卻很熱鬧，朋友們都去了，有好事者還是會問她同樣的問題：「為何找了個各方面都比不上自己的男人？甘心嗎？」對此可凡的回答是：「愛情不分高低貴賤，但男人分有心還是無心。他是第一個千里迢迢丟了工作跑來尋我的男人，他是第一個天天為我做飯並不用我洗碗的男人，他是第一個在我難過時也跟著流眼淚的男人，他是第一個條件差卻在我面前從不卑微的男人……」聽著可凡的話，朋友們啞然，看著她滿臉的幸福，誰又能說條件不相當的婚姻就不會美滿呢？

輕熟女的條件相對較好，想找條件更好的另一半不是不可能，只是同樣條件的男人大多是被女人寵壞了的，想從他們那裡得到百分百的愛是不容易的，與其在上等的愛裡折騰，不如放下身段找一份中等的愛來享受。

上等女子中等愛，這是輕熟女找到幸福的一把鑰匙，打開了愛情之門，也打破了輕熟女不易嫁的神話。

寧捨錢財，不捨愛情

某報曾登過一則新聞，引發過社會大討論。大意是，男友送一千朵玫瑰，女友轉手賣掉，將銀子落袋為安。

這樣的女人，應該是學經濟學出身的，不然怎會如此精明？一千朵玫瑰，我們按市價來估算一下，二十塊錢一朵，最高也就二萬塊吧？恰逢情人節的話，身價再漲一倍，也不過四萬，這樣一個數目，或許是多數人一個月的薪水或生活消費。不知道這個女人的生活問題是不是不曾得以解決，如果是，那這玫瑰賣得實在是無奈，如果不是，那她賣的可不是玫瑰，是愛情。

愛情，是這世上最美妙的事情，兩個人的心串成一串，無論風雨無論悲喜都會一起面對，偶爾哭泣偶爾浪漫，這些都是愛情路上的小插曲。而玫瑰是最能表達愛情的方式，我相信世上所有的女子，沒有一個見到玫瑰不驚歎的，特別是心上人送的玫瑰，一朵朵花裡掩藏的是對方一顆真誠的心，要知道，玫瑰意義非凡，一個男人手持玫瑰的最直接表達就是——我愛妳！試問，哪個女人面對這樣的表達會無動於衷？哪個男人願意眼睜睜地看著自己送出去的玫瑰花轉瞬便被廉價賣出？

一束玫瑰，一顆真心，一個甘於奉獻的好男人。世上所有美好的事物，就這麼輕輕一賣，全丟了。這個女人不簡單！

或許這個女人要委屈地說一聲：冤枉我了，我實實在在是想節省錢，以待日後好好過日子呀！

一個女人在婚前扮賢良，就算出發點是對的，可這意圖卻讓人不免生疑。設想一下，情人節的夜裡，燭光搖曳之下，曖昧就著溫情，玫瑰散發著清香，此情此景之下，一個男人心裡湧起的肯定是愛意百般，一個女人心裡迴蕩著的也必是柔情萬種，如果此時的女人突然冒出一句「把玫瑰賣了換飯錢吧」，相信再務實的男人在那刻，起伏的心也會瞬間靜止下來。想一下，妳見過哪個打算盤的女人是溫柔的？此刻妳的心思全在銀子上呢，哪還有功夫理會身旁的陪客？一場曼妙無比的盛宴，怕是就此打住了。不是男人不給妳面子，是妳過於現實，這世上沒有哪個男人願意跟一個時時算計的女人在一起，就算偶爾有男人表示理解，那也一定長久不了，他們怕的是，今天妳算的是玫瑰的錢，明天妳會不會在床上伸手要陪床的錢？

現實無罪，有罪的是過於現實。

而對於女人自身來說，婚前扮賢良，也並非真賢良。如果男方送一樣東西，妳賣一樣，還美其名曰「賢良」，那相信這世上沒有哪個男人願娶如此「賢良」之女人！身為女人就要明白，男人送給妳東西，一來是情調，二來是愉悅心情。人家求的不多，只需一個真誠的對待，這是一個態度問題，別人捧一顆真心送給妳，妳不回報也罷了，轉手倒賣，獲得的只是暫時的蠅頭小利，失去的卻是一個男人真誠的心。孰重孰輕，如此精明的女子，為何就做不到心如明鏡呢？是對自己過於自信？還是被現實迷了眼？以至於看不清愛情最基本的要求——真誠。

作為輕熟女，自然不會去做賣玫瑰這樣的事，但總會遇到這樣一番選擇：究竟是送鑽石的男人可靠，還是願意一日三餐為妳下廚的男人更踏實？

各有答案。妳最想要的是什麼，什麼就是對妳最重要的。但是，作為一個聰明的輕熟女，早就看慣了愛情的分分合合，更懂得一日三餐的溫飽好過恒久遠卻只能看不能填肚子的鑽石。錢財是人賺的，愛情是需要緣分的。聰明的輕熟女知道愛來之不易，自然懂得珍惜。

寧捨錢財，不捨愛情，誰能說這樣的女人不可愛呢？

只為自己輸，不為男人戰

輕熟女不是仙女，自然不可能事事如意。面對愛情，輕熟女懂得選擇，懂得把握，卻不一定懂得迎合。

輕熟女也有失意的時候。比如，我愛的男人不愛我。

就像Lisa一樣，自身條件優越，房車俱備，職場得意，人也標緻，唯一的遺憾就是年齡問題——三十四歲，已然走進高級「剩女」的行列，心裏不是不急，卻總遇不上合適的那個人。直到那天在公司舉辦的年終答謝會上，她對來自分公司的陳力一見傾心，從同事那裡打探到，陳力三十六歲，未婚，工作能力上乘，是個不錯的交往對象。雖然如此，還是怕自己遺漏了什麼，Lisa小心翼翼地對對方的感情生活做了瞭解，原來，陳力剛跟女朋友分手，正處於空窗期。這個消息對她來說，無疑是上天賜給她的絕佳機會。Lisa開始尋找各種機會接近陳力，或許是由於大家都是成年人的緣故，陳力對她眼裡流露出來的好感自然是知曉的，相互交流之後，雙方發現對方確實是最適合自己的那個人，於是，一場晚來的愛戀終於開花。

戀愛中的Lisa就像一個懷春的少女，連接到對方一條關心的短訊都會樂得合不攏嘴，不僅出錢為陳力買衣服，還找機會託人把陳力調到總公司，因為他對她提起過這個心願，她要幫他完成。不用說，進了總公司的陳力對Lisa更加好，出雙入對的兩人被眾人讚為絕配，就連Lisa自己私下也開始籌畫起婚禮來。卻不料，好事多磨，正當她滿心期待做個幸福嫁娘時，另一個女子連哭帶嚷地跑來跟她「尋仇」。原來，這個女子是陳力已經分手的前女友，據女子說，他們不過鬧了一點小矛盾，並沒有真的分手。

聽聞陳力前女友的訴說，Lisa坐不住了，第一時間打電話給陳力，她想知道他的想法，更想要一個解釋。卻不料，面對前女友和她，陳力竟然沉默了。

接下來的事不言自明，前女友和Lisa彷彿較上了勁，每天主動來接陳力下班，還當著眾同事的面親切地挽陳力的胳膊。當眾人紛紛遣責陳力時，前女友更是使出了殺手鐧，每天把一朵玫瑰送到陳力辦公室，美其名曰「修復愛情」，而且每朵玫瑰的包裝裡還放著之前跟陳力合拍的曖昧照片……一石激起千層浪，知道此事的人都認為Lisa這仗會打得很激烈，就連多情種子陳力也認為Lisa會跟自己起爭執，那幾日過得提心吊膽。卻沒想到，Lisa一直按兵不動，連句責備都沒有，甚至見到陳力的前女友，她還會微笑著點頭示意，彷彿這個女子來跟自己爭的不是一個男人，只是一個玩具，她大方地讓了出去，還十分客氣地歡迎對方下次再來。

終於有一天，當陳力和前女友攜手進進出出時，有同事忍不住為Lisa叫屈，問她為何不迎戰。不料，Lisa依然只是笑笑，這才吐出一句：「兩個女人爭搶一個男人，這本身就是傷害同類卻抬高男人的舉動，何必讓自己輸在這種毫無意義的事情上？他若真愛我，便不會倒戈；他若不愛，再爭再搶，總有一天也是要還的。」

寧為自己輸，不為男人戰。作為一個見慣了愛情浮沉的輕熟女，Lisa的話讓人深深認同。這世道，就算人心不古，就算愛情不貞，也絕非要靠心機和戰鬥來爭取，而看著兩個女人為自己起紛爭卻只想坐收漁翁之利的男人，不要也罷。

輕熟女都明白，能搶走的愛人，便不是真的愛人。

愛情不是信仰，婚姻不是必需

凡是女人，不論到了哪個年紀，愛情永遠是不變的嚮往，哪怕有愛握在掌心，也還是會要求更多一些愛來滿足內心深處那份愛的渴求。

作為輕熟女，幻想愛情的年齡已經過去，等待並享受愛情才是她們最應該做的事，可是還是會遇上這樣的輕熟女，將愛情當成信仰，有情飲水飽，並視之為走進婚姻的唯一理由。

以愛作前提的婚姻自然是崇高的，但絕不推崇把愛當信仰。愛情不是信仰，它是一種物極必反的東西，能帶給你幸福，也能帶給你痛苦，過分在意愛情而忽略了其他，不去深層次地瞭解彼此的個性和喜惡，這樣的愛情早晚有一天會死在淺灘上。

輕熟女擁有的人生閱歷使其應該早就明白，愛情不是生活的唯一，它是需要緣分和機會的，也是需要有心人去挖掘和維護的。這世上很多人一見鍾情，卻很少有一見鍾情之後走進婚姻的，原因無非是一個「維護」問題。

不是把愛情收進籃子裡，它就會天長地久，好的愛情需要好的修理工，再好的愛情也需要生活的磨礪，再好的人也要經受現實的拷打。太多女人遇上自己愛的男人，往往就會變得沒了主見，一切讓愛做主，卻忘記了生活才是最好的老師。

曾經有一個輕熟女朋友，遇上一段自以為可以託付終身的愛情，於是奮不顧身嫁了，幸福卻隨著婚姻的到來而終結。不是那個人不好，也不是這段感情出了問題，只是她發現，自己遇上感情的時候，想要的是一個歸宿，以結束自己大齡未嫁的尷尬，卻忽略了瞭解彼此的這個過程，真正生活到一起後才發現，彼此有許多地方都接受不了，而且兩個家族之間也是矛盾重重，儘管他們做出太多犧牲和忍讓，婚姻卻還是失敗了。回想起這段不愉快的婚姻生活，她不得不感慨，當初真的沒必要那麼急著嫁人的，年齡大了更應該慎重。

輕熟女的年齡是個尷尬又敏感的話題，儘管職場得意，生活安好，但因為沒有歸宿，容易越大越心慌，甚至慌不擇路地選擇匆匆嫁人，把相互瞭解的時間交給了婚姻，而婚姻就像一隻容不下沙子的鞋，總有一天沙子會硌到腳，疼的還是妳自己。

所以，對輕熟女來說，愛情不是信仰，只要相信它就夠了，別指望它能帶給妳無窮無盡的幸福；同樣，婚姻不是必需，該來的早晚會來，忙中出亂，急中出隱患，年齡越大越應該放平心態。

輕熟女之愛：情場換季，過季不候

輕熟女讓年輕一輩最羨慕並學不來的地方就在於，對於感情拿得起，放得下。

就像當年的王菲一樣，跟小謝的姐弟戀鬧得天下人皆知，她也付出太多感情投入，而最終的結果卻是小謝和張柏芝重修舊好。其實，這是小謝的第二次出牆，第一次他求來了王菲的原諒，當年的王菲三十出頭，正是輕熟女最好的年華，貴為歌壇天后的她本來可以有更好的選擇，卻還是寧願做小謝的跳板，只是背叛接二連三，頗有性格的她最終主動放棄了這段長達數年的感情，轉而迅速嫁作李家婦。

據說當年小謝後悔了，並一再澄清和張柏芝並未和好，但王菲卻沒有給他第二次和好的機會。作為一個輕熟女，王菲早就看穿了所謂的風花雪月，坎坷情史讓她早就明白了一個女人最終的需要是什麼。是的，她需要婚姻，一個名正言順的某某太太的名號，雖說這名號當不了飯吃，但李亞鵬敢給她婚姻，敢對著天下人給她一個名分，這對情路坎坷的王菲來說，已然足矣。

相信當下有太多輕熟女都經歷過狗血式的愛情，不論上演的是哪個版本，總之當初是為了所愛的男人付出一切，最後卻只落了個形單影隻的結局，但輕熟女特有的閱歷又讓她明白，失去一個不愛自己的人，是對方的損失，對自己來說則是一種幸運，幸虧及早發現了對方的狼子野心，還有時間來補救。但是，這種補救只是針對自己，對那些一錯再錯卻依然想吃回頭草的壞男人，輕熟女早就學會了說「不」！

情場交替，就如同四季交接，換了季，還想重新來過，這樣的機會不要隨便給男人。

試想當初，這個男人也是信誓旦旦，卻還是輕易就變了心，在愛情裡如此沒有立場的男人，無異於戰場上的叛徒，人人得而誅之。作為一個聰明的輕熟女，要明白自己沒有時間再陪這種男人繼續玩下去，別管他是流淚還是懺悔，總之，夏天過去就應該是秋天，絕不可能是春天！季節如此，愛情更如此。

輕熟女的愛情十分簡單明瞭，情場換季，過季不候。

那些負了心的男人，別指望還有回頭草可吃，更別指望能得到原諒。

輕熟女風情：性感是必備，感性是必需

女人，缺少性感便無味，缺少感性便幼稚。

一個輕熟女，必備的武器應該是性感。

同樣，面對世事紛爭，感性對輕熟女來說也是必須有的認知。

性感之於女人來說，並非是想像中的那樣，或一身裸裝，或媚眼如絲。性感是種很抽象的東西，就算不是長髮披肩，短髮也一樣很有味道；就算不是天香國色，只要有足夠的愛心，哪怕去幫助一隻迷路的小狗，也會使女人看起來很可愛。

有男人說，最受不了女人在職場中咄咄逼人，也有男人說，最愛看女人穿著一身香奈兒跟自己在談判桌前唇槍舌戰，那時候的女人像一隻小豹子，為了既得利益會不顧一切地去爭去搶，萬一失敗，甚至會感性地掉下淚來，毫不掩飾。在男人們看來，工作中的女人雖然是可怕的對手，但也是很性感的小狐狸，走下談判桌，他們還是願意去接近的。

輕熟女的性感就在於她們能屈能伸。職場上絕不相讓，生活中激情四射，這些對於男人來說，已經足夠撩撥心弦，別看他們表面上不承認，其實內心早就像抱了隻貓咪似的，只要女人一個熱情的回眸，便會乖乖地跟上前來。

性感的女人展現的更多是外在，而感性的女人卻用內在將男人的心捆了個結實。

在感性女人的面前，男人每說一個話題都會小心翼翼，因為他知道，坐在自己對面的女人不簡單，稍有紕漏，就有可能被揪住小尾巴。當然，跟感性的女人在一起對男人來說是利大於弊，同樣的問題，在感性女人那裡，分析多過評判，她有時候是男人最好的老師，其獨到的分析和睿智的處理方式，使男人也不得不折腰稱服。

很多男人在心情煩躁時，找來傾訴的人不是自己的家人，也不是哥們兒，往往是紅顏知己，輕熟女往往是最好的選擇，她不僅能給予最好的解答和安慰，還會適時撒一下嬌，讓男人重拾自信。這時候的輕熟女在男人眼裡，無疑是最好的，她的大女人思維和小女人情態，一樣讓人著迷。

聰明的輕熟女，早就掌握了自己的風格，懂得自己在這個年齡應該有怎樣的風情套路，更懂得如何運用這種套路。當然她更明白，性感只是一種必備品，適時而用，絕不濫用；而感性則是必需，活學活用，事半功倍。

生活要簡單，愛情要奢華

輕熟女的特殊地位造就了其不一樣的生活。

在所有人眼裡，輕熟女的生活一般是這樣的：就算出入無名車，至少交往的也都非白丁，相約落座喝的肯定是卡布其諾，吃的也是刀叉並用的西餐，而酒一定要喝紅的，這樣既美容又夠檔次。

其實，越是成熟的女人越懂得生活的重要。對於生活，輕熟女更想要的是健康。

健康的生活方式，健康的工作環境，健康的身體和健康的心靈。輕熟女更願意把旅行的錢交給徒步，更願意把休閒交還給大自然，運動是延續健康生命的最初動力，她懂得鍛鍊並願意去施行。而在吃這方面，輕熟女要求純綠色，這也是健康不可少的。至於咖啡和酒，輕熟女確實喜歡，但也並非餐餐如此。真正的生活是健康的，更是簡單的，她比常人更討厭煩瑣，更期待簡單和平實的生活。

那麼，是不是生活越平淡的輕熟女，想要的愛情就越平淡呢？

其實不然。

生活要簡單，愛情要奢華。這對輕熟女來說，既是尊重自己，也是尊重愛情。

安卡是個時尚的輕熟女，除了工作之外，凡事不拘小節，但在愛情這件事上她卻要求極為嚴格。曾見過她當面拒絕某優質男，原因是對方初次見面請的竟然是一百五十元的速食，她說：「並非花錢越多越好，只是初次見面就這樣，足見這個男人有多小氣，一個小氣的男人必然是不捨得付出的。」後來，又聞知她趕跑了交往兩個月的富二代，這次的原因不是對方小氣，反而是出手闊綽引得安卡不滿，她說：「雖然他物質上是闊綽的，可他精神上就是一個土包子！連給美女開車門這樣的事都不懂得做，我一再提醒，他還是不長進！更可氣的是，他竟然隨地吐痰，跟這種男人出去，簡直太丟臉了！」說到底，女人生來帶有一種先天性的虛榮，小女人的心思始終存在，不論年齡多大，只要是在戀愛中，就會渴望無時無刻不被對方包容和愛護。

對於輕熟女來說，渴望愛情奢華是無過的，畢竟戀愛本身就是衡量男人的一次考試。一個真正的優秀男，為人處世一定要落落大方，同樣，小節也需要注意。

對於生活，輕熟女可以簡單對待；對於愛情，開始就需要有一份奢華的考量。別怕被人說成過於挑剔，畢竟愛是通往婚姻的橋樑，若橋樑不穩，剩下的路怎麼走下去？

輕熟女早就熟知這一點，所以在愛情的路上，更喜歡用睿智的眼睛去查探，這是正確的，也是應該的。生活要簡單，愛情要奢華，輕熟女有資格說這話。

愛情不是時裝，不跟風是原則

有人做過一個很有意思的調查，拿出半個小時的時間站在大街上，仔細觀察過往的女人，會發現一個有趣的現象：比如，十個女人當中至少有六個是燙著頭髮的；再比如，如果在春天，穿單款小風衣的女人很多；還有女人慣用的皮包樣式，只要不是真名牌，大多樣式也是一樣的。凡此種種都說明一個問題，那就是——女人很容易跟風。

某論壇曾有一個單身群，裡面的男女都是單身，開始大家都叫喊著不會在網上找另一半，可隨著一對又一對網戀情侶浮出水面，剩下的人便開始緊張了，尋找著自己中意的目標開始進攻，而結局多是因為瞭解而分開，情侶變怨偶，以至於沒多久連群都解散了……這種情形其實在生活中也多得是，如果你是單身，夾在雙雙對對的情侶中間聚餐，人家的耳鬢廝磨勢必會惹得你心裡不舒服，巴不得趕緊找個人來充門面。特別是女人，在那種時刻是最脆弱的，感情上不占上風，總覺得少了些什麼，飯自然也吃得索然無味。如果此時有人獻殷勤，意志不堅定的恐怕就會在感動中接受，能走到一起是好事，可若事後感覺不合適再分開，那就是累了自己，苦了別人。

其實不僅女人如此，大多數人都一樣，時裝跟風是不想自己被批評落伍，可是，背個不時尚的罪名尚能接受，若是一直夾在情侶中間當電燈泡，背負一個孤家寡人的名號，那確是很令人傷心的。

可是，愛情不是時裝，可以批量生產，也可以隨便跟風，只要喜歡買來穿就行，哪天想換，隨便一丟，也不覺得可惜。愛情不是東西，用錢買不來，更不可能隨便就放得下。所以，戀愛這回事，壓根就不允許跟風。

作為輕熟女，渴望愛情的心情是可以理解的，但越是渴望越要慎重，不要見著別人牽手，自己就躍躍欲試，不要以為有了人陪伴就不會再感覺到孤單。

一個人不怕身體上的孤單，怕的是心靈上的淪陷。

愛情不是時裝，不跟風是原則，堅持自己的風格，堅持尋找自己想要的另一半，總有一天會被你遇上；相反，若一味跟風，到頭來只會傷人傷己。

輕熟女愛情：三分激情，七分理智

說起輕熟女，好多人都認為她們是職場上的佼佼者，有著良好的溝通能力和過人的智慧，但在情場上，也會認為她們刻板，缺少風情。

其實，這只是一種偏頗的想像，真正的輕熟女不僅對愛情有要求，對自己也有很好的定位。

曉鷗是個聰明伶俐的輕熟女，對愛情也相當專一，暗戀自己的主管很久，因為在一起共事，怕影響不好，也怕被拒絕，所以一直隱忍沒做表白。卻不料，公司最新一次的招聘竟然招來一個情敵。比曉鷗小將近十歲的一個大學畢業生剛來公司，就先她一步向主管表白。面對年輕又有活力的女大學生，一直單身的主管也不免心動，只是礙於面子沒有公開表態，但這依然給了女大學生動力，從隔三差五的請示彙報到一天一杯的熱咖啡，女大學生對主管展開了熱烈的追求。

當所有人都看出了女大學生的心思時，熟悉曉鷗的同事便替她急了，紛紛出謀劃策，幫她對主管做了一個分析，最後的結論是，曉鷗和主管年齡相當，閱歷相當，肯定能勝得過女大學生，更有熱心人主動找機會讓他們相處在一起。

好心同事藉過生日的機會，只邀請了曉鷗和主管，吃完飯便藉機走了，希望能給曉鷗一些時間去表白。卻不料，兩人剛說了幾句話，女大學生的短訊便鋪天蓋地而來，主管不得不一邊回復一邊跟曉鷗說話。可此時的曉鷗已沒有了表白的心情，本來女追男就是一件很難為情的事，看到主管拿著手機不停發送短訊，她心裡更加不舒服，一個大好機會就此錯過。

看似占了上風的女大學生更加賣力地追求主管，就連老闆娘前來檢查工作，她也不放棄對主管的示好機會。本不應該她端的咖啡，她當著老闆娘的面便向主管遞了過去。早就聽聞主管此事的老闆娘，對女大學生的作秀十分不滿，私下也為曉鷗打氣，並以自身的故事告訴曉鷗，女人不能永遠保持理智，偶爾的激情是催發男人愛心的有效良方。曉鷗這才知道，當年老闆娘也是看上老闆的踏實能幹，所以主動出擊，靠三分激情和七分理智得勝。

有了高人指點，曉鷗決定主動出擊。她先是從著裝上改變自己，努力往主管喜歡的風格上打扮，但絕對不會過於裝嫩，因為她明白，在男人眼裡，其實最煩的就是女人做作。接下來，看準了機會，曉鷗故意在女大學生面前和主管表現親昵，或是為其整理文件，或是故意拋個媚眼，在主管還沒摸清情況的時候，女大學生的臉已經綠了，接下來的一切曉鷗完全可以想像得到，女大學生肯定會發短訊，含沙射影地中傷自己。很快，這點得到了印證，主管看短訊時的微妙表情被曉鷗捕捉到之後，她卻大度地笑了，並故意在主管面前誇女大學生的青春和漂亮，唯獨在最後輕歎一口氣，有意無意地說：「只可惜小女生總是玩心重於事業心，愛情可以玩，婚姻怎麼玩得起？」聞聽此言，主管的臉色變了。而隨後的一場商業談判，曉鷗的出色表現也讓主管刮目相看，這時候的曉鷗明白，應該備戰下一輪了。

初戰告捷，曉鷗開始著手準備激情的表演。她知道，男人不僅是慾望的動物，在他們眼裡，所有女人都是獵物，越有風情越難纏，男人就越興奮越不捨。所以，她挑了時間，選了一身性感的衣服，以一頓自己動手做的西餐徹底征服了主管。透過對方欣喜的眼神，曉鷗知道自己又勝了一仗，但她還是拒絕了主管的示好，因為她覺得，現在還不是時候。

時機在等待中終於降臨。當女大學生怒氣衝衝地從主管辦公室奔出來時，曉鷗知道，他們肯定因為某事吵翻了，自己此時進去還不是最佳時機，但也絕對不能拖得太久。第二天，她又備了紅酒，以吃飯的名義約主管，繼而徹底將其征服。一曲熱情的倫巴讓曉鷗看起來性感又迷人，惹人的紅唇更讓主管欲罷不能，一個吻下來，曉鷗知道，自己的愛情終於來了。

輕熟女經歷了太多職場歷練，太容易將職場上的雷厲風行帶進生活中，往往是理智多過激情。可男人是麻煩的動物，他們喜歡大女人的不生事，又喜歡小女人的小浪漫，輕熟女在熟悉了這一點之後，就要明白——對待愛情，一定要有三分激情，七分理智。

激情是為了展示小女人的嫵媚，告訴男人妳也有風情萬種的時候，但無需太多，適可而止最好；而理智是輕熟女最厲害的武器，不僅能幫自己在紛擾當中立穩腳跟，更能讓男人知道，理智的女人才有魄力幫自己平定天下。

輕熟女經得起泡

小女生的愛情總是哭哭啼啼，熟女的愛情總是悄無聲息，作為輕熟女，除了要爭取到手的愛情，還要學會如何經得起泡。

好女人都是追到手的，這是男人對愛情的評價。在他們眼裡，輕易得手的女人很快就容易失去味道，若遇上有責任心的尚還懂得說聲對不起，若真是遇人不淑，怕早就撒開兩條腿跑得無影無蹤了，女人若遇上這種敗類男，怕只能找個沒人的角落自己舔舐傷口。

男人喜歡小女生的「小」，認為她們是最容易泡到手的，有時候連一頓飯錢都免了，只要幾句讚美的話，小女生便樂不可支地跟著上車。在男人眼裡，「小」的好處就在於好哄；當然，男人也不拒絕熟女，熟女過於理智，喜歡了就在一起，不喜歡就分開，大家互不相欠。就算熟女真的愛上自己，只要自己開口拒絕，她也一定不會撕破臉皮大做計較；在男人心裡，最想得到又最不容易得到的便是輕熟女的心，輕熟女不僅有小女生的溫柔，還傳承了大部分熟女的冷靜和睿智，相較於小女生，她們更聰明，相較於大女人，她們又顯得更有活力。

作為輕熟女，大都是經得起泡的。

男人若無故獻殷勤，別以為他真的是相中妳的氣質，氣質和臉蛋兒比起來，男人們更願意接受臉蛋兒；男人若故意找藉口接受，也別以為他是真的喜歡妳才這樣，之所以想方設法接近妳，無非就是妳的遠離使他產生了征服慾，真若是走到了一起，想必他跑得比妳還快；男人若真心愛一個女人，不會計較她的外表，更多的是欣賞她的內在。

對男人來說，泡一個女人的時間最長不超過三個月。過了這個新鮮期，如果他還在堅持向妳靠近，那不妨給他一個愛的機會。

同樣，對女人來說，經得起泡的時間也不過百日。就像歌裡唱的那樣，九百九十九朵玫瑰最動人，對女人而言，九十九朵玫瑰已然夠浪漫，一天一朵，便是百日的浪漫，更何況還有一個深情款款的男人始終不離不棄？

可是輕熟女更明白，美好的愛情不僅在於一時的激情和感動，更在於一朝一夕的堅持。看一個男人有沒有耐心陪自己走完一輩子，選擇伊始，就要像選長跑運動員那樣，看他的耐力，試他的耐性，以及檢驗他愛的目的。

輕熟女想要的愛情向來非誠勿擾，自然個個經得起泡。

愛情一招鮮：升級不換代

時代會變，人生會變，愛情也一樣。

輕熟女對待愛情向來都有一定的規劃，她不同於小女生，愛了便是一切，在輕熟女的眼裡，愛情不僅是愛情，更是生活的一部分。

然而，再好的愛情也經不起流年。

相處太久的情侶總是容易發生摩擦，不是不愛，只是有些疲倦。對於輕熟女來說，過長時間的戀愛總會引起審美疲勞，不進入婚姻會渴望，若進入婚姻又會猶豫，畢竟，愛情和婚姻是兩回事，已然對愛情疲倦的情侶，對婚姻多是恐懼甚於渴望。

一對戀人走著走著就走進了愛情的死胡同，對方的優缺點早就一目了然，對方的一切閉著眼睛都能數得出來，這樣的日子確實乏善可陳，更別說對生活品質一向要求很高的輕熟女了。

可是，身為女人，從一而終畢竟是美德。找到了愛的那個人，就要學會好好維繫這一段感情，而保持愛情永遠新鮮，自身也是有責任的。

我們都知道，一台電腦需要不時更新換代才會速度超快。同樣，對於愛情中的女人來說，也要學會隨時更新自己，接受新事物，理解新概念，不僅要學會融入社會，更要學會如何融入男人的內心，多為自己充電，學習如何做回一個女人。同時也不要忘記，成長是共同的，拉上心愛的他一起在學習中成長，為了愛情，各自升級。

曾有這樣的案例，無數成功起來的女人對於身邊的男人越來越不滿，總感覺他們再不是之前自己眼裡的英雄，甚至有些拖累自己，於是不惜割地捨財將男人趕走，然後再去尋找配得上自己的下一個。最後的最後，結局往往不盡如人意，找來找去，還是感覺前一任最好。

很多女人往往是失去以後才懂得珍惜，所以又容易吃回頭草。這樣的女人完全就是精明過頭，把愛情升級了，又不小心換代了，看似收穫了，實則是失去了。

作為輕熟女就要明白，愛情隨時升級，但絕對不可以隨便換代。

身邊的男人再不好，至少也陪著妳走過了無數的坎坷；身邊的男人再卑微，至少他愛妳的心是真的。

學著讓彼此共同成長，試著讓身邊的男人升升級，不要輕易嘗試換代，因為下一個會不會更好，誰也不知道。

與其將來吃回頭草，不如早早學會珍惜。

戀愛有規則，獨身有原則

戀愛有煩惱，不愛也煩惱。

戀愛的女人偶爾會為對方的不完美感慨，不愛的女人經常會被孤單纏繞。

作為輕熟女，對愛情早已經過了憧憬的年紀，但愛是生活的一部分，缺之可惜，所以面對適合的男人，還是忍不住想試試，想交往。

三十歲的燕子是不折不扣的輕熟女，一切安好的她獨獨缺了愛情。在家人的一致推薦下，她試著接受了比自己大一歲的兒時玩伴趙偉。本以為知根知底會談出個結果，卻不料，越接觸，燕子越覺得趙偉不是自己想要的那類男人，雖說兩人各方面條件相當，但坐在一起，她總感覺少了一份愛的感覺。可考慮到雙方大人的期望以及趙偉眼裡熱辣辣的渴望，她還是投降了，想著就此平淡一生也不錯，直到那天，趙偉的吻忽然落下時她突然大發脾氣，之後她才明白，原來不愛就是不愛，連親近都感覺多餘，這樣的戀愛哪裡還有繼續下去的必要？湊合不成，倒怕兩人會成為冤家。

對於輕熟女來說，恨嫁不僅是自己的心態，更多的還是來自於家庭的壓力。但是，面對自己根本不看好的愛情，還是趁早放手為好，否則傷人傷己傷和氣，實在划不來，還有可能對自己的心理造成一種傷害，那就是不再輕易去戀愛。

不論是哪個年齡的人，戀愛都要有規則。自己愛就要想好了再去表白，自己不愛就儘量不要接受。特別是對女人來說，想讓自己愛上一個根本不愛的男人，機率微乎其微。

很多待嫁的輕熟女就是因為受不了家人的嘮叨，所以寧可自己買個小公寓，樂得逍遙。然而在某些不良男人看來，獨居的女人最容易誘惑，其實他們錯了，越是獨居的女人越獨立，試想一下，一個女人在物質上並不缺乏，又怎麼會在誘惑面前低頭呢？除非男人付出很多感情，讓女人在某天愛上他。怕只怕，有耐心付出感情的男人不多。

其實，輕熟女沒有愛情不可怕，孤身也並不可恥。對一個聰明的女人來說，選擇適合自己的生活方式就夠了，就算是獨身也要有自己的原則，不濫交，不多情，不隨便給男人曖昧的機會，做好自己，守護好自己，總有一天新的愛情會到來。

為戀愛加條原則，寧可錯過一千，不錯過真愛的一個機會；為獨身加條原則，寧可讓身體孤單，也決不讓心靈沉淪。

愛情沒有規則，但做人需要原則。

不高估愛情，不高看男人

一杯綠茶，初喝時是苦的，細品才會有點甜，最後的最後，舌尖上的那部分還是苦的。

這就如同愛情，不經歷愛情的人總感覺它是甜的，等戀過傷過之後才知道，原來愛情也有苦的時候，等到終於有一天峰迴路轉，過去的傷痕結了痂，又會覺得春天來了。

輕熟女之所以大齡未嫁，想必都是嘗過了愛情的甜和苦，所以一直在等待，等待那個真正值得自己付出並託付的男人。

愛情，是件有著華麗包裝的東西，外面的人看到的全是華麗，帶著幾分奢侈，幾分浪漫，便足以令人嚮往。只有走進去的人才會發現，其實它的內在全是一個一個的小傷口，密密麻麻：小到看不清，就像那些因為雞毛蒜皮的小事而發生的爭吵，事過境遷便忘記了；大到鮮血淋淋，時刻提醒妳某年某月遇人不淑後留下的傷痕依然在，不要碰，不然又是一場天崩地裂的疼。

沒有一段愛情不傷人。

對於輕熟女來說，就算不怕愛情傷人，至少也應該做好不受傷的準備。不輕易高估愛情，不要以為一個男人愛上自己便是一生一世的事，古今中外的「陳世美」還少嗎？高估愛情的結果只能是傷得更深。

愛情有兩個組成部分——男人和女人。相對於愛情這種虛無縹緲的東西來說，男人的虛偽則更甚，他對喜歡的女人會使盡各種方法去追，對不喜歡的女人也常常來者不拒，一旦讓女人發現，則會以博愛來為自己的多情辯解，實在令人不齒。所以對於男人，千萬別把他看得過高，在某些男人的字典裡，沒有愛與不愛的區別，只有情與慾的掙扎。

沒有多少男人敢說自己是專一的，他們更瞭解自己。

對於輕熟女來說，就算遇上的男人根正苗紅，那也要一顆紅心兩手準備，有準備才不會受傷害。就算男人一路走來不離不棄，女人心裡也要明白，他之所以願意一直跟在妳身後，絕不僅僅因為愛，更主要的還是女人自身有吸引力，不然，男人的眼球哪還有幾個會老實的？

別高看男人，他們高舉著捨命相愛的牌子，其實是不愛自己在先。試問，一個連自己的命都可以隨時不要的男人，是不是衝動過了頭？過於衝動的男人，總是令人不放心的。

不高估愛情，是為了多留一份希望。不高看男人，是為了讓自己更多一份從容。

不高估愛情，不高看男人，這是女人戀愛的最佳法則。輕熟女就算不曾閱盡千帆，至少也嘗過人間百味，這些道理早就應該看穿。

chapter 02

我要的愛情，非誠勿擾

愛情這條路上，輕熟女既對得起別人，更對得起自己，愛就要——非誠勿擾。

輕熟女愛情：愛男人四分，愛自己六分

這世上沒有絕對的公平，愛情也不例外，所有的愛情都是精打細算的結果，沒有人會盲目地去愛。

對女人來說，愛情起初算不得全部，但逐漸就可能會成為生活的重心，甚至全部，一喜一怒間都渴望有愛人的包容和呵護，愛情之於戀愛中的女人就是一切，當真愛上了，連智商都可能歸為零。

麥莎身為一個富家小姐，也算是要風得風要雨得雨。父母將她視為掌上明珠，有求必應，就算她愛上的男朋友一無是處，父母還是違心接納，只為這個獨生女能夠幸福。像許多鳳凰男的故事一樣，窮男友在麥莎的幫扶下迅速吸金，暴富之後惡習不斷，竟然有一次跟小姐鬼混時被麥莎撞了個正著！雖然事後麥莎還是原諒了男友，但她心裡的傷痕是無法癒合的，麥家的二老對這個男人也徹底死了心。再後來，男友生意失敗，被債主追債，麥家二老自然不會伸出援手，最後還是麥莎咬著

牙賣掉自己的首飾和自己名下的一座公寓，這才算轉危為安。麥莎以為至此男友會一心待自己，甚至還自作多情地認為快收到對方的結婚戒指了，卻沒料到，鳳凰男很不爭氣，花心病復發，且看到麥家人不肯再出資相助，對麥莎也冷淡了許多。等到麥莎追問婚期時，男友還咄咄逼人地問：「妳家裡能給多少嫁妝？」聞聽此言，麥莎才徹底心涼。或許從一開始，這個男人就是衝著錢來的，只是被愛衝昏頭腦的她渾然不知。

把愛情當做全部，女人甘願對男人做出犧牲，以飛蛾撲火的姿態告訴男人，這輩子跟定你了！很悲壯，很豪氣，以為男人會感動，殊不知，一個不用真心愛妳的男人，只會在暗地裡發笑，知道這輩子可以吃定妳了！

愛一個人沒有錯，愛錯了人也不是錯，錯的是，明知是錯還要往下走，這就是愚昧了。就像麥莎一樣，男友錯一次即便不知覺醒，至少也應該開始為自己準備後路吧？明明已經看到了陷阱卻還要繼續前行，不等著受傷還能怎樣？

對一個普通女子來說，愛人愛七分也好，八分也罷，總是需要為自己留幾分吧！

而對於輕熟女來說，愛人只要四分就夠，餘下的六分留給自己。輕熟女的職場之路已然平坦，有足夠的經濟能力和社會地位，所以不需要對男人千恩萬寵；輕熟女的思想也趨向成熟，知道自己需要什麼，更能看穿男人想要什麼，自然懂得為自己留幾分餘地。

愛男人四分，這對輕熟女來說，已然是很大的付出，要知道她們擁有完全獨立的個性，不需要男人花費太多心思，也不需要過多的物質表達，如果說她們一定要從男人那裡得到什麼，無非就是專一的愛。

愛自己六分，這是輕熟女的愛情宣言，當下社會，男人女人一樣打拼，沒必要將自己搞得很卑微，他愛妳是福氣，他不夠愛妳，妳也不至於過度傷心。

女人，多愛自己一些，總是對的。

嫁人比拼：嫁愛情還是嫁現實？

做女人難，女人嫁人難上加難。

對愛情，輕熟女能一眼識別；而對婚姻，輕熟女卻常常要作思想鬥爭。愛情是愛情，生活是生活，如果兩者不能完美統一，作為輕熟女，究竟是應該嫁愛情還是嫁現實？

阿雯曾經有過一段失敗的感情，前男友經濟條件太差，基本的房子首付都拿不出，在家人的強烈反對下，她和前男友分了手，並在二十九歲那年經人介紹跟現在的老公相識。當時的她雖說工作不錯，但已屬於大齡輕熟女，所以在婚姻的選擇上幾乎沒有多做衡量，便跟老公匆匆走進了婚姻。雖說婆家家底殷實，老公長相也算帥氣，但因為兩人缺少婚前的溝通，所以婚後的生活過得磕磕絆絆。婚後第二年，公婆強烈要求抱孫子，而阿雯卻一直懷不上，這時候的她多渴望老公能來安慰一下自己，然而，外表斯文的老公內心卻是無比的粗俗，不僅不幫她說話，最後還從外面帶了個懷孕的女人回來！最終，除了離婚，她別無選擇。

離開傷心之地的阿雯是在一個下午遇到前男友的，對方正趕著去接新女友下班。雖然是面對面地相遇，他們卻只說了幾句話，天上下起小雨的那刻，前男友一臉著急地給新女友打電話，細心地囑咐一定不要淋雨，自己馬上就到。看到前男友對女友如此體貼，阿雯忽然記起了兩人之間的那些往事，當年對方也是如此體貼她的，只可惜，物是人非。

經歷了這樣一番來來去去，阿雯才想明白，其實家庭條件真的沒有想像中那麼重要，兩人之間知冷暖互憐惜，這才是女人最需要的東西。

現實是扼殺愛情的一把利刃，現實讓許多人對愛情妥協，在生活面前，每個人選擇的方式不同，而愛情卻成了可憐的犧牲品。

細想，在情感氾濫的當下，能擁有一份至純至真的感情是多麼地難能可貴，對於一個女人來說，最珍貴的不是生活有多麼奢華，而是身邊的男人無論到了何時都一如既往地愛自己。

所以，就算愛情和現實發生了衝突，聰明的輕熟女也會明白，易求無價寶，難得有情郎。

真愛來時，現實真的沒那麼重要。

拒絕愛情的傷害，不拒絕愛情的成長

輕熟女在職場上可以做到刀槍不入，但在愛情中，難免會受傷。愛情的經驗都是從傷害中得來的，被傷害得越深，對愛情越是避之不及，甚至談情色變者有之。面對傷害，輕熟女大多會無奈地接受，只是下一次，也別指望她們會那麼容易就接受新的一段感情了。在鋼筋水泥的城市中，感情成了奢侈品，而輕熟女的愛情也成了大難題。

職場敗了，頂多下次換一個合作者，而感情一旦失敗，則需要很長時間才會相信男人。

愛情是殺人無形的利刃，一旦和傷害掛上鉤，總讓人敬畏三分。可愛情也是一種可以慢慢養成的東西，如同豢養一隻可愛的小動物，每天給它多一份關心，總有一天它會由小變大，成長起來。

小婉就曾經歷過一場愛情的成長。

她曾經也愛得癡狂，和前男友拍拖整整十年，從大學一路延伸到參加工作，倔強的她拒絕了家裡的安排，一個人跑到男友所在的城市辛苦打拼。起初兩人非常恩愛，像極了電視劇裡的恩愛夫妻，可是當激情消退，生活的艱辛洶湧而來時，她還是從前男友嘴裡聽到了「分手」兩個字。那天正好是兩人相識十周年的紀念日，她傾盡所有買了一對戒指，最終卻只能自己留下來。

前男友的離去讓小婉頹廢了很長時間，三十歲的年紀對於女人來說已然不年輕，而她不僅要面臨年齡的壓力，還要接受這樣一場痛苦的愛情結局。那段日子的她上班總是遲到，精神委靡不振，同一個辦公室的男同事L適時關心她，並像大哥似的安慰她，過去小婉也知道L對自己有好感，但她一直裝傻，如今對方再獻殷勤，她便覺得他另有所圖。在小婉的心裡，和前男友十年的感情都說沒就沒了，更何況是一個共事不久的男人呢？

好在，L能堅持。在知道了小婉的感情變故之後，他既不強求，也不緊追，除了關心她之外，只是靜靜地等待。這一等就是半年，直到兩人一起到外地出差，途中遭遇車禍時，L緊緊地將臨座的她護在懷中，那一刻，小婉的心才一點點溫暖起來。

後來，L對小婉是這樣說的：「愛情是分人的，有人給妳傷害，也有人會給妳愛，但前提是，妳要從傷害中走出來，不然就會傷害到真正愛妳的人。」這句話讓妳婉痛哭失聲，她知道，自己一直拒絕愛情，只是怕再受傷害，沒料到，拒絕愛情傷害的同時，也拒絕了一份新的愛情，自己錯過了這場愛情的開始，絕對不應該再錯過它的成長……

其實，愛情並不可怕，男人也不可怕，在愛情的道路上沒有誰會一路順暢，受過的傷是一種考驗，也是一種磨礪，放下過去，重新再戰，要知道，每個女人都需要婚姻，而進入婚姻之前，哪個不是經歷了許多愛的折磨？

新時代的輕熟女要明白這樣的道理：拒絕愛情的傷害，但不拒絕愛情的成長。

追男秘笈：沒有追不到，只有不想要

電視劇裡追求愛情的方法通常有兩種：如果是男人主動，則是霸道型的，強行擁抱強行親吻，然後女主角就會臣服在對方的霸道裡。如果是女人主動，境況則變得明朗多了，女主角如果很野蠻，那就一定要漂亮；女主角如果不漂亮的話，只要溫柔一點就行了；女主角如果是貧家女，只要性格好、能容忍，早晚有一天會成為豪門灰姑娘……

凡此種種，無非說明一個問題：男追女，隔重山；女追男，隔層紗。

可是，對於輕熟女來說，矜持與開放並重，想讓她放下架子去追求心儀的男人，無疑就是趕鴨子上架，勉為其難。在輕熟女的心裡，追男人雖然不是什麼可恥的事，但至少很丟臉，表白之後得到對方的認同倒也罷了，若對方直接來個拒絕，則恨不能挖個地洞鑽進去才好！

其實，女人追男人遠沒那麼難，甚至可以說是非常簡單，輕熟女追某男的結局通常是——沒有追不到，只有不想要。

作為社會中堅力量的輕熟女，已有一定的經濟實力、社會地位，還有人脈關係，在熟男眼裡，這樣的女人不僅是生活中的伴侶，將來更是事業上的幫手。要知道，男人是很現實的動物，他們在事業和愛情之間，往往只選前者。這就意味著，輕熟女比常人多了一份接近男人的機會，特別是對有事業心的男人來說，簡直就是無價之寶。

輕熟女的經濟實力奠定了真正的男女平等的關係。在未相愛之前，輕熟女是不會讓男人輕易付賬的，當然，男人的邀約她們也不會輕易答應。作為一個聰明的輕熟女，自然能分得清什麼叫清高，什麼叫矜持。在男人眼裡，一約就到的女人往往是沒有多少價值的，只有約請多次才肯現身的女人才難能可貴。

輕熟女在跟男人交往時，並不會全部付出，偶爾給對方一點小動作，比如裝作無意用長髮碰一下他的臉，或是裝作無心地拉一下手，時間很短，疾如流星，卻能讓男人思念整整一個晚上！

相識只是戀愛的開始，相愛才是輕熟女最想要的結果。越是面對心儀的男人，越不能急著表白自己，佔據主動的人往往敗得更慘，哪怕心裡再想傾訴，再喜歡對方，也不要暴露自己太多，猶如桑蠶吐絲一樣，一天一點，一月一團，這樣既挑起了男人的興趣，又能長久地受他關注。

輕熟女面對愛情不會像二十歲小女生一樣死纏爛打，但也不會像真正的熟女那樣做到放任自流，她有自己的戀愛法則，不靠近，不遠離，給男人空間，但絕對不能自由氾濫。放過風箏的人都明白一個道理，線抓得緊了易斷，放得長了又不容易把握，而輕熟女的戀愛秘笈就是——給他自由，但不是全部。

千百年來，愛情的路上一直是男人主動，其實他們心裡更渴望一場由女人主動發起的愛情，有女人主動來追，對男人來說是一種無上的光榮，更何況面對的還是條件優越的輕熟女？

所以，對輕熟女來說，只要自己喜歡就勇敢去追好了，只有不想要，沒有追不到，自己本身就是最美的風景，只要男人視力正常，總有一天會發現妳的美。

男小女操心，男大女舒心

選擇另一半的一個基本條件就是年齡適合，男大女小，天經地義，可一旦有哪對是女大男小，則會招來非議。

娛樂圈裡女大男小的例子很多，遠有成龍和林鳳嬌，近有馬伊琍和文章，前者大一歲，後者相差據說有八歲，不論具體大多少，先看看這些小男人給大女人惹來多少麻煩吧！成龍的小龍女事件，怕是林鳳嬌一輩子的噩夢，而文章的年輕惹得馬伊琍對這場大女小男的婚姻越來越底氣不足，不得不對外界宣稱：「隨時做好離婚的準備。」試問，哪個女人願意輕易離婚呢？明眼人一看便知她是在給自己找臺階下了。

對於女人來說，找個小男人就註定一輩子要操心，要知道，男人的心智本來就比女人成熟要晚，而女人天生又容易母性氾濫，一個倚小而任性妄為，一個倚大而不得不親力親為，這樣的結合怕早晚有一天會解散，除非大女人願意天天跟在小男人身後收拾爛攤子！

首富郭台銘的太太曾馨瑩是多麼好的一個現代版灰姑娘，一朝嫁進豪門，衣食無憂不說，還天天被老公捧在手心，大她將近二十歲的老公，又送豪宅又送名車，那種風光，一點也不比當紅女星差！試想一下，如果她嫁的不是比自己大的男人，而是一個有點錢的小男人，那結果會不會一樣呢？就如同賈靜雯一樣，雖然嫁的夫君年齡相當，也算富甲一方，可最終不僅落了個離婚的下場，連親生女兒也差點見不到！除了豪門無情無義的原因之外，怕她那個年輕的夫君本身就是一個靠不住的小男人吧！小男人的天性得不到束縛，自然天天拈花惹草，更何況還是一個富二代！

普通女子都明白一個道理，找老公絕對不要找比自己小的，不說這場戀愛怎麼談，單說在親朋面前解釋要費多少口水，還有日後小男人的不成熟將會惹出多少麻煩來，這些事都是可以預見得到的。

相反，如若是小女人找了個大男人，那一切便不同了。男人生來都有大男子主義，喜歡做保護者，而女人又天生渴望被疼愛、被保護，這樣的結合各取所需，一拍即合，想不幸福都難！

男人過小，女人勢必要操心；男人成熟一些，女人就容易幸福。

對於輕熟女來說，雖然年齡不再是秘密，也不佔優勢，但無論如何也不能隨意就接受小男人。如果，對男人來說五歲算一個代溝，那對女人來說，三歲就是一個代溝，別羨慕那些女大男小的幸福案例，妳怎麼知道這些女人背後所受的委屈？

如果妳不夠容忍，不夠大度，不想處處被人依賴，還是選個大男人去愛吧！

高段位戀愛，低段位付出

一直以為愛情是件對等付出的事，卻不料，三十一歲的輕熟女小優的遭遇卻讓人看明白了——愛情猶如武術競賽，高段位戀愛是優勢，低段位付出是必須。

小優的第一個男朋友A是位出色的「ＡＢＣ」，家庭背景雖然一般，但工作優越，收入不菲。當漂亮的小優和優秀的A走到一起時，人們都以為接下來應該看到的是天長地久，卻不料，戀愛僅半年，小優便無奈地選擇了分手，對此她的解釋是——A不喜歡她在愛情上的高調。詳細追問才知道，原來A一直覺得做普通職員的小優只是外表漂亮，並沒有優越的家庭背景，不能帶給自己更廣闊的未來，所以他只是把小優當成臨時過渡，一旦有了更高的梧桐，他勢必要撲棱著翅膀飛走！小優氣憤地說：「這個男人不帶我外出應酬，不讓我進他的生活圈，跟他戀愛就像在做賊，小心翼翼地，彷彿在偷情，我為他付出一切，他卻連個承認都不肯給我！」

有了第一次戀愛失敗的經驗，小優再選擇男朋友就理智了許多。一年之後她又接受了一位B男，此男雖說職業不及上一任，但家世甚好，祖上有不少產業。對此，很多人都善意地提醒小優，多金男人不僅要看牢，還要多些耐心。言外之意，就是讓小優多付出才能抓得牢如此好男人。卻不料，這次小優是鐵了心地「冷」，不僅常跟一幫單身朋友出來瘋玩瘋鬧，經常夜半歸宿不說，還時常不接B男電話，搞得對方總是把電話追蹤到朋友身上，可憐兮兮地請朋友們規勸小優，多注意身體之類的情意綿綿的話。相較之下，大家都認同B男，覺得他不僅家世上好，對小優的愛也是上好的，每逢紀念日或節日，B男總是送上不菲的禮物，常惹得朋友們妒忌。而B男最令大家喜歡的一件事，就是把小優的照片放在錢包裡，有事沒事總喜歡拿出來跟他的朋友們吹噓一翻，因此，大家都勸小優多愛對方一些。卻不料，小優一口回絕，她說：戀愛就像武術競賽，段位高的人才容易獲勝，對於女人來說，就應該享受這種高段位的戀愛，讓男人對自己神魂顛倒，而不是自己追著男人又哭又鬧，這樣的戰役打起來才更容易贏！而且，低段位付出的女人就算遭遇失敗，傷痕也不會太深，總是容易拔得出來。

經歷了兩場戀愛的小優，由地升天，過去為A男付出太多卻遭遇冷遇，如今對

B男若即若離卻被對方死纏著不放，地位完全逆轉。真如她所說，戀愛成了一場武術競賽，高段位的武者嘲笑著低段位的對手，只因自身修為甚高，深知自己不會輕易失敗，所以才更贏得高調！

戀愛的競賽裡，少些付出的一方，總能贏付出更多的一方，不知這是愛的公平還是不公平？卻成了不是真理的真理。

作為輕熟女，自然知道孰重孰輕。

誘惑是意志裡的蟲，放蕩是道德裡的蟲

輕熟女的閱歷和資歷造就了她們獨特的生活方式。

面對愛情，輕熟女更多的是想要坦然和自由。必須正視的是，作為一個輕熟女，要認清自己的身分，對於愛情以外的誘惑，要有勇氣說「不」！

愛情氾濫，一夜情太隨便，愛不愛無所謂，身體不孤單就是快樂……太多熟女熟男將這些作為身體出軌的藉口。不可否認，性在當下是越來越開放，過去是有愛再有性，如今是性快樂為上，感覺好的天亮時會互道再見，感覺不好的連手都懶得揮……

對於男人來說，女人是可以通吃的。

對於女人來說，能愛的男人少，甘願與之共度良宵的男人更少。

對於男人來說，色和慾是掛鈎的，別指望他們說喜歡妳，卻不會佔有妳。

對於女人來說，性和愛是關聯的，沒有愛，最好別惹我。

上帝創造男人和女人的時候，除了身體的差異，心理也有差異。

男人每經歷一次愛情都會更加成熟，哪怕是傷害，而女人每經歷一次愛情就會更加脆弱一點，恐懼再付出；男人面對愛和性總是很灑脫，而女人有了愛才有性；男人身體滿足之後，氾濫至大腦皮層的荷爾蒙立即消散，或許天亮以後連妳的名字都記不住，而女人一旦接受了哪個男人的身體，就算不愛，至少也會很長時間忘不了……

說一千道一萬，男女都逃不過一個「慾」字。

慾望是人類最大的敵人，金錢慾容易讓人喪失原則，性慾容易讓人徹底沉淪，權力慾容易讓人將掌控當成習慣……對於輕熟女來說，經濟條件優越，權力並非一般男人能給，但性慾卻隨時可以滿足。

成為金錢慾的奴隸，總有一天會被金錢出賣。

成為性慾的奴隸，總有一天會被真愛拋棄。

成為權力的奴隸，總有一天會跌得很慘。

凡事總有一個平衡點，那就是——所有的迷失總有一天會被喚醒，唯一不同的是，醒來之後，你所做的錯事是否還能挽回。

身為輕熟女，不論面對怎樣的誘惑，都要堅決抵制，誘惑是意志裡的蟲，意志堅定的人不會被它輕易收買；身為輕熟女，不管身體如何孤單，都要以愛為前提，放蕩是道德裡的蟲，總有一天會跳出來咬妳一口！

作為女人就要明白，別指望男人會對隨便付出的女人真的動心。

作為輕熟女更應懂得，今天擁有的一切已屬不易，若因一時糊塗將它打碎，想再回頭可沒那麼容易。

混愛過時，純愛才流行

輕熟女渴望愛，明白愛，卻不一定知道，當下已經開始流行混愛。

混愛是一種高難度的工作，選擇混愛的大多是二十五歲左右的年輕女子，混愛指所愛的男人必須具備三樣：收入好，人品好，對自己好。收入好的男人能保障女人一生衣食無憂，人品好的男人不會缺失責任心，而對自己好的男人則是一種愛的保障，三好合一簡稱「混愛」，即希望自己選中的男人擁有全部優點。

遺憾的是，人無完人，更別指望男人會完美。

收入好的男人背後一定有太多雙眼睛盯著，就算妳再優秀也抵擋不了門外的競爭；人品好的男人總是最動人，總有慧眼會看到這片風景，如果妳沒收藏好，說不定哪天就會被別人搶走收藏；對自己好的男人雖說搶不走，可是審美是易出現疲勞的，就算妳再自信，抓得住男人的心，也未必能擋住他的眼光外洩。

混愛，愛得太有原則，就如同一個手拿畫筆的人，將想要的東西畫了出來，卻並不知道，畫得再逼真終究也只是假的；渴望混愛的女人，心高志遠，卻並不知道，愛情從來不是計算來的，想要擁有一份真的愛情，必須放下所有幻想，腳踏實地地去實現。

有這樣一個調查，讓一百位輕熟女寫下她們對愛情的設想，以及對另一半的要求。百分之八十三的輕熟女是這樣寫的：感覺來了就好。另外的一小部分會寫：男人必須有責任心，有愛心，有事業心，有上進心，體貼，脾氣好。聽起來，在輕熟女的心裡，對愛情的要求很簡單，外在的物質均無要求，感覺對了，能找到一個有內涵的男人就可以了，其他都好商量，這種愛是那麼地純，純到只要愛。

這世上有一種女人是為愛所生。為愛付出一切，有愛萬事足，恐怕說的就是輕熟女的這份純愛情懷。雖說輕熟女的熟女心態使她們早就看明白了愛情，但正是因為尋的是愛情，所以才更希望能單純一些去愛。

不經歷苦楚的人，不會懂得現世安穩多重要。不經歷愛情的人，不會懂得什麼叫珍惜。

正因為太懂愛情，所以輕熟女的要求越來越簡單，有愛便夠。

純愛，只有一個要求，如同孩子對玩具的滿足，有愛就有一切。然而悲哀的是，男人總喜歡犯賤，面對真愛自己的女人總是提不起興趣，相反，若女人一味只跟他曖昧卻不跟他靠近，他反而會有征服的慾望。輕熟女早就看明白了這點，所以才不得不端起紅酒對著紅燭輕聲說寂寞，所以才不得不跟男人一邊靠近又一邊遠離。

愛不易，輕熟女的愛情更是來之不易。想找一個能夠讓自己安心又安穩的男人，對於輕熟女來說，比在職場打拼還要艱難。難得的是，願意堅持，願意等待，更願意相信，總有一天會遇上懂自己的那個人。

輕熟女相信，當混愛的女人越來越多時，男人會發現純愛的女人更美，更難得。

總有一天，混愛會過時，而純愛猶如蚌中珍珠，總有一天會被人打開，光彩奪目。

拒絕自私男，遠離曖昧男

男人分很多種，最可惡的便是自私男和曖昧男。

自私男的症狀很明顯：一切以自我為中心。只要認定這個女人已經愛上了他，便不會再花心思，工作忙、心情不好，是自私男慣用的藉口，以此擋開女人的疑惑和不安，卻完全不理會女人的關切和愛。

對於輕熟女來說，愛上自私男其實是件很無奈的事情。這就如同一個做生意的人，生意夥伴在開始讓你看到很大的利益和無盡的希望，讓你以為抓牢了這輩子就可以衣食無憂，卻不料中途生變，生意不曾受損，你的利益卻不見了，希望也成了失望。對於自私男來說，他就是一個不太好的生意夥伴，或因為感覺合適，也有可能當初真的動了心，總之他看上妳了，愛上妳了，於是妳也迷惘了，妳也動情了，一場愛情眼見就要開花結果，妳還在等待著鋪天蓋地的幸福到來，他卻給了妳一場無邊無際的等待。

自私男最令女人痛心的遠不止這些，更有甚者會要求女人幫自己做事，在女人無窮盡地付出之後，自私男的目的一旦達到，感情也會慢慢收回去，就如同古代那些富家小姐和窮書生的愛情一樣，付出越多，男人就越吃定妳。

曖昧男更可惡，自私男至少還會給女人一個名份，曖昧男卻只要曖昧不要感情。

曖昧男又分良性曖昧和惡性曖昧兩種，顧名思義，良性曖昧只是情感上的曖昧，惡性曖昧則是收了妳的身體卻不懂得負責。沒有一個男人不喜歡玩曖昧，除非他的性取向有問題，所不同的是，玩曖昧的男人也會分檔次。檔次高點的只玩良性曖昧，一個似有若無的多情眼神，一個看似無意實則蓄謀已久的手勢，都足以讓女人的心顫動，但僅止於此，良性曖昧男不會再繼續下去，或許是他的妻子比妳更漂亮更有味道，或許是他的事業需要以謹慎為原則，不想惹麻煩，更多的則可能是，良性曖昧男喜歡以輕度曖昧誘惑女人，以達到自己內心深處某種齷齪的滿足。

相對於良性曖昧男，惡性曖昧男很直接，往往是直奔男女主題，他要的是女人的身體，低檔次行為的拙劣令女人反胃，同時也令許多渴望愛情的女人失足，一旦身體近了，惡性曖昧男的興趣也沒了，隨之而來的便是玩失蹤，讓愛他的女人找去吧，反正妳找妳的，他依然玩他的曖昧！

對於輕熟女來說，遇上曖昧男就一定要堅決打擊。對無望走進婚姻的曖昧眼神要儘量抵制，無望牽手譜寫愛情的曖昧動作一定要學會拒絕。

男人推開女人難，女人踢開男人易。

輕熟女能夠識別何為曖昧，何為愛情，也懂得拒絕自私男，遠離曖昧男。

成功男人並不一定就是好伴侶

女人的魅力在於一張臉，男人的魅力在於事業的成功。

在十個女人當中問一個問題：「妳願意嫁給普通男人還是成功男人？」除了三成例外的回答，有七成女人會毫不猶豫地說：「當然是成功男人，越成功越好！」

找成功的男人，面子上光彩，物質上享受，令人羨慕。然而，作為一個成熟的女人更應明白，成功是需要付出的，成功的男人背後，往往是一段艱辛悠長的付出過程，而且一輩子都將走在這條路上，難以停歇。這就意味著，成功男人背後的女人要經受得住孤單和寂寞。

小雪是個漂亮又聰明的女人，當愛情出現的同時，煩惱也出現了：兩個男人同時向她表白，一個是人們眼中的成功男，有一家中型公司，家境殷實；另一個則是普通男，上班族。兩個人在小雪眼裏簡直不分伯仲，而且對她都很好，唯一不同的是，成功男捨得付出物質，玫瑰花每天都由快遞公司準時送到，很有氣派；而普通男付出的通常是時間，無時無刻不陪在她身邊，影子一樣。面對這樣兩個男人，小雪自然難以取捨，可她又明白，感情這回事是不能一腳踏兩船的，不然早晚都有翻船的危險。經過一番思量，她決定聽從閨蜜的建議，對兩個男人進行試探。

生日那天，小雪先是給成功男打電話，問他今天要忙什麼。成功男將排得滿滿的日程表念給她聽，竟然念了整整三分鐘，日程滿了，小雪卻不依不饒地說：「不管，我今天過生日，你中午必須來陪我。」成功男滿口答應，到了中午卻因一個大客戶的到來而失約。接著，她又給普通男打電話，說了同一番話之後，普通男幾乎沒有猶豫，馬上回答說：「隨時都有時間，下班我去接妳。」雖說第一回合普通男貌似占了上風，但小雪的心始終是偏向於成功男的，灰姑娘都想找白馬王子，更何況是身處現實社會的女人呢？她不死心，想再試探，於是想出第二招——裝病。

這一次，成功男的表現是相當積極的，不等普通男出手，已經開著寶馬將小雪送進醫院，可還沒等小雪慶倖呢，就聽成功男的電話一個接一個，哪還有時間理她呢，不到十 分鐘人就旋風般地跑了。倒是後來趕來的普通男使出百般武藝，不僅分分秒秒地陪伴，還親自煮了小雪愛吃的廣東米粥，看著這碗廣東米粥，小雪淚流滿面，普通男以為不好吃，轉身跑出去買來一碗正宗的，他不知道，流淚的小雪心裡已經做了抉擇。

是的，成功男人身上的拼勁以及他的社會地位確實令女人驕傲。可是，聰明的女人都知道，居家過日子需要的是冷時有衣穿，餓時有粥食，隨時有個人在身邊陪伴。物質是無限的，愛更無限，一個人內心的需求永遠大過物質需求，特別是女人，表面風光內心寂寞的事對她們來說，才是最大的折磨。

成功男人不一定就是好伴侶，在他們的時間表裡，工作第一，女人和家庭永遠不可能超越。

作為輕熟女，早就見慣了職場裡的打打殺殺，成功的男人在職場上是什麼樣子，她早就看了個清楚，知道這些男人外在多灑脫內心就有多苦悶，工作就像一條鞭子，永遠趕著他前行，永遠把事業排在第一位，因此想做成功男人背後的女人，就一定要隱忍。可是，對於女人來說，有個家，家裡有個能相伴的愛人，才是最真實的需要。

所以，輕熟女中有三成例外的女人，不選成功男，不會為了自己一時的虛榮，而放棄一輩子的幸福。

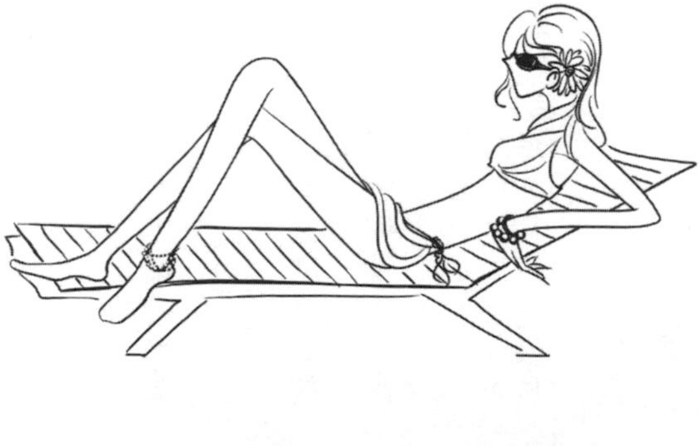

不做滋養愛情跳蚤的女人

跳蚤是讓人厭惡的東西，往往貼在人身上吃飽喝足了，人們才發覺自己被咬。愛情跳蚤也一樣，表面光鮮的愛情跳蚤男到處都是。

麗瑩是個年近三十歲的輕熟女，愛情一直不順，總是遇不到對的那個人。一次，悶悶不樂的她被同學拉去唱歌，終於認識了一個優質男，雖說年齡比她大八歲，卻是單身貴族，完全有可能開始一段戀愛之旅。而優質男也適時表達了對麗瑩的好感，不僅體貼地為她點歌、倒茶，還十分配合地跟她一起合唱。特別是聽說她也是單身時，優質男整個晚上彷彿眼裡只有她，一直圍著她轉，明眼人一看便知，這對男女有戲。

在麗瑩心裡其實也是這麼想的。優質男職業不錯，收入頗豐，房車俱備，跟麗瑩簡直是天造地設的一對，而且他對麗瑩的約請也從不拒絕，兩人相談甚歡，可謂情投意合。面對這樣一份緣分，麗瑩很想好好把握，不僅主動約請，而且還經常送對方禮物，小到幾百元的銀掛鏈，大到上千元的T恤，優質男都一一笑納，這讓麗瑩有一種被接受的感覺。雖然對方從不回報，但她覺得自己這個年齡也別挑剔那麼多了，找個好男人就夠了。卻不料平地起驚雷，一次偶遇時，麗瑩把同事小荷介紹給優質男認識，她的愛情也到此結束了。優質男對小荷也一如既往地體貼，跟當初對待麗瑩時一模一樣。且面對小荷的「逼婚」，優質男毫無反應，從來沒有把她介紹給家裡人認識的意思，就連父母來了，也不讓她見，完全把她當成一個臨時過渡。看穿優質男之後，兩個女人一合計，這才知道，自己遇上了「愛情跳蚤男」。

愛情跳蚤男的特徵是：收入好，有一定職位；年齡偏大，越大越花心；不談感情只談感覺，享受單身狀態卻不拒絕女人示好；善於表現曖昧動作，玩愛情遊戲；經常出入各種聚會，喜歡結識不同女人，但絕對不動真心；不能談感情，一談就遠了，不能要婚姻，一要就消失。

遇上愛情跳蚤男，是女人最大的恥辱，自己懷著一顆熱氣騰騰的心，卻不料遇上的只是個愛情騙子、調情高手。

那麼，如何避開愛情跳蚤？

很簡單，用心閱人，對於那些只吃一頓飯就想拉近距離的男人，必須考察其動機，別為他外在的硬體吸引，更別為他短暫的體貼所打動。真正的愛情存在於生活裡，存在於行動裡，不是一個眼神一句好話就能代替的！

輕熟女個個目光敏銳，撞上愛情跳蚤男，當然不手軟！

對輕熟女來說，需要的是真實的情感，是真實的男人，能夠明朗地看到未來的婚姻。一旦遇上愛情跳蚤男，除了及時逃離之外，還要趁機狠狠踹他幾腳，讓這種垃圾男人明白，愛情不是那麼好玩的，女人更不是那麼好欺負的！

只讓他看到，不讓他得到

一男一女一張床，幾聲喘息、幾聲呻吟、幾聲尖叫，成就一段情慾故事。

這是許多電影裏的橋段，現實生活中也很常見，許多男女一旦看對眼，不用言語，便直奔主題，愛了就愛了，給了就給了，散了就散了。

當下男女活得灑脫，卻不見得通透。

就像二十八歲的恩雅，早年留學美國的經歷，讓她多少沾染了國外的愛情風格，愛了就一起吃一起住，不愛了就分家搬行李，著實俐落，從不拖泥帶水，所有人都說她活得自我，但恩雅卻連連搖頭說：「只想愛得純粹些，可這些男人都不夠愛我，都不肯給我婚姻，不分手還能怎樣？」聽起來貌似委屈，卻並不知道她過往的那些男友是如何評價她的。

第一任男友跟恩雅同居兩個月，他對恩雅的印象就是過於豪放：「剛見面就上床，這樣的女人玩玩可以，結婚差得遠了。」

第二任男友跟恩雅是同事，偶爾同居，開始還算恩愛，後來恩雅說起三十歲之前想完婚，男人立即逃了，並公開對大家宣稱：「我之所以逃，是為她好，她想結婚，可我並不想娶她。」

聽聽，這就是男人的真實心聲。一戀愛就希望女人主動獻身，一獻身就說女人過於隨便，一提結婚他就會退避三舍。

對於女人來說，明知男人的心眼兒沒有想像中那麼大，還是義無反顧地撲上去，期待著自己這隻飛蛾能拯救男人這堆柴禾，最後卻落得個自焚其身的結局。

經受了一系列失敗的打擊，恩雅在好友的提醒下改變了自己，對於每個想靠近自己的男人，她一再重申，可以戀愛，拒絕上床。剛開始說這話的時候，她還怕男人會掉頭就走，卻不料，對方看她的眼神都溫和起來，連聲誇她是當下難得的好女人。這些誇讚讓恩雅有流淚的衝動，儘管她看透了男人的心思，卻越來越不明白愛情的本質。她不明白，為什麼自己全身心付出卻落敗而歸？

其實一點也不難理解。有一個古老的故事：說狐狸常年守在葡萄架下，就想嚐一下葡萄的味道。終於有一天它的舉動感動了紅葡萄，為了讓狐狸嚐一下滋味，紅葡萄主動滾下架去。狐狸幾乎沒有猶豫就一口吃了下去，吃完了卻連連搖頭說太酸，沒味道，繼而抬頭開始注視架上的綠葡萄，期待著綠葡萄的美味。而聰明的綠葡萄早就看穿了狐狸的心思，得不到的才是最好的，所以堅決不下架，於是狐狸就成了綠葡萄的忠實守護者，對於曾經全身心付出的紅葡萄，連眼角的餘光都不曾再給過……

身為女人，面對一個對自己有幾分好感的男人，就要做到一件事——只讓他看到，不讓他得到。女人在某些時刻在男人眼裡就是美味，別看他表現得如何謙遜如何體貼，暗地裡早就把妳的三圍外加身高測量完畢，他們的色與慾是短暫的，一旦得手，妳在他眼裡便立即失去了顏色，連他的慾望都再也提不起來，又如何跟他提天長地久的婚姻計畫？吃過的美食沒味道，這個簡單的道理大家都明白。

對於輕熟女來說，什麼樣的男人有什麼樣的暗示，心裡早就明瞭。對於想示好的男人，不輕易拒絕，但也絕不輕易靠近，讓他看到妳的好，妳的魅力，甚至妳偶爾流露出來的誘惑，卻不讓他靠近，不讓他得到，最後不用妳說，他就會心甘情願地成為了妳的守護者。

獵物還是獵手：驕傲與榮耀

說穿了，愛情就是一場獵人跟獵物之間的爭鬥。

在中國傳統文化的薰陶下，這場愛情爭鬥中似乎大多是男人佔有主動，他們扮演著獵人的角色，打著愛情的標語，喊著愛情的口號，見到自己喜歡的獵物便一定要得到，不然決不甘休！經常會聽到女人這樣說：「我根本不愛他，看他那個樣子，真是討厭！」那架勢彷彿自己吃了多大虧、受了多大委屈似的。其實細想，能做獵物的女人必是有資本的女人，或是長得漂亮，或是家世顯赫，就算沒有這兩樣長處，那至少也是溫柔賢慧、大方得體的上等女人。要知道，獵手追逐獵物除了興趣使然，最重要的是他對她的胃口。

要我說，在愛情這場追逐遊戲裡，聰明女人就要學會做獵物。

身為獵物，開始便被貼上了被動的標籤，任男人去追求去討喜，心裡高興了給個笑臉兒，心情不爽大可以不買賬。就算被他哄得頭暈目眩跟著回了家，得手後若男人犯起不珍惜的毛病來，女人也照樣可以翻臉不認人，大大方方甩給他一句分手的理由：「當初可是你追我的。」聽聽，多有氣勢！

聰明的獵物不僅懂得跟獵人周旋，還懂得待價而沽。森林裡越高貴的獵物越難獵到，這是所有獵手的共識，因為難得到所以才會更珍惜，男人追求女人享受的是過程，路途越艱難，越能刺激男人的征服慾，聰明的女人就像高高掛在葡萄架上的葡萄，讓葡萄架下的狐狸蠢蠢欲動，卻又難以嘗到，等到男人累了，女人適時賞給的甘甜便是對他最好的回報。說到底，獵物只是表面上的弱者，內心卻有著無比強大的智慧，高明的獵物不僅能吊足獵人的胃口，還會適時給獵人設下陷阱。女人的一顰一笑便是對男人最大的誘惑，只要男人愛一個女人，她的一舉一動都像醉人的春酒，不需飲便已醉了，一個醉臥溫柔鄉的男人，一個懂得周旋的女人，這場獵人跟獵物之間的爭鬥，誰勝誰負還不一定呢。就算天生愚笨，不懂得如何做個好獵物，那女人也有絕對的資格驕傲，要知道這世上好女人千千萬萬，眼前的男人卻獨獨為妳而瘋狂，這說明妳確實有過人之處。這過人之處就像孔雀頭上的翎羽，老虎眉心的「王」字，只因與眾不同，所以才讓獵人動心。

所以，不論妳是怎樣的女人，在愛情這場遊戲裡，要做就大大方方去做獵物！不主動，不費力，輕而易舉就將乾坤倒轉。妳應該明瞭，那個將自己當成獵物一樣追求的男人，起初便是喜歡妳的，妳不過做了個順水人情，將主動權交出去，坐看這場愛情表演，以矜持的態度告訴世人，在愛情這場遊戲裡，做獵物是至高無上的驕傲，驕傲的本錢就是獵人那瘋狂的愛。

輕熟女果實正甜，能嘗到的獵人一定也非凡。

要求可降格，幸福不降格

輕熟女條件太好，好到嫁不掉。

面對愛情和婚姻，大多數人會對現實妥協，而輕熟女卻是為年齡妥協。不少輕熟女更因為職場受限，所以對家庭格外渴望，期待著有肩膀讓自己依靠，心累的時候，一衝動就把自己嫁了。

嵐便是這樣一個女子。當時在公司主管財務的嵐，因為疏忽給公司造成了一筆損失，那時的她剛剛升任財務主管，欲展抱負的心突然受挫，上司在臺上批評，下屬在暗地裡議論，更可悲的是那些曾經跟她競爭過的人，此時全跳出來指責她的不是，一時之間，嵐感覺自己快要瘋了。就在這時，有個舊時的男同學偶然聯繫上，雖說對方只是一家小工廠的銷售員，但面對情緒低落的嵐，男同學給予了她很多安慰，天天陪她一起吃飯，講笑話，說故事，使盡手段只為逗她樂。多年不戀愛的嵐就在那刻動了心，她對男同學說自己不打算再工作，想休息一下，男同學立即說：

「不如嫁給我吧！有個家讓妳待著多好。」這個建議讓嵐吃驚，雖說心裡對男同學有了好感，但婚姻對她來說卻是不想湊合的，她知道自己選擇婚姻的標準：年收入不能低於百萬，而男同學的收入只能糊口；她還要求對方學歷相當，家世好。這兩點男同學都不在及格線上，所以，嵐沒有立刻回答。

想不到的是，嵐的工作接二連三地出錯，下屬不知是有意陷害還是無意而為，財務工作連續出錯，這對哪個公司來說都不是小事，上司動怒，直接把她免職。這一免，嵐想死的心都有了，想想自己曾經是多少舊友眼中的驕傲，二十九歲的年紀就坐上了財務主管的位子，如今一切都沒了。這一次她感覺自己就像掉落凡間的公主，沾了一身塵泥，徹底累了。所以，當男同學再提起婚姻之時，她毫不猶豫地答應了。

婚後的嵐並非幸福的家庭主婦，柴米油鹽每天睜開眼就要考慮，雖說自己婚前小有積蓄，但總捨不得拿出來用。經過考慮，老公提出辭職自己創業，這個想法得到了嵐的支持，自己創業的話，她也有了用武之地。初時創業很艱難，但老公的呵護和疼愛卻絲毫不減，每天都是自己加班卻不捨得讓她忙活，最苦的時候兩個人買完設備回來已經身無分文，走路都不穩，老公情急之下背起她前行，一路上行人無數，惹得議論紛紛，但嵐卻聽清楚了，那是誇她幸福呢。這時候的她心裡也被甜蜜溢滿，雖說當時嫁給老公時，所有人都說自己是下嫁，如今看來，下嫁與否不重要，重要的是幸福並未降格，這就夠了。

相信有許多像嵐一樣的輕熟女，對於愛情和婚姻都有自己定下的條條框框，希望能找到門當戶對的白馬王子以便攜手共進。然而愛情可遇不可求，遇上一個真正愛自己的人更不容易，面對愛情應該有要求，但要求是可升可降的，因地制宜才能開出最幸福的花來。要求變了不等於幸福也降格，相反，只要遇到對的人，幸福永遠是滿滿的。

只為愛犯傻，不為愛犯賤

古時曾有多少癡心女子為了某個男人心甘情願地付出：王寶釧等了薛平貴十八年，最後等來的結果是自己差點成了偏房；卓文君苦等司馬相如，卻盼來了一封十三字的絕交信；就算有祝英台和梁山伯的淒美愛情，也終歸是以二人的雙雙化蝶為結局。

女人動了真感情，是誰也拉不住的，不讓其碰到頭破血流，定是不肯回頭的，傻得令人惋惜，令人心痛。就算是當下社會中堅力量的輕熟女，面對愛情亦是一樣的身不由己。

前一段時間，娛樂圈裏有一樁喜事，四十歲的孟廣美終於嫁得如意郎君。這一次她嫁得幸福，嫁得完美，卻還是令人想起當初的她是如何被前男友騙錢騙色的，一億的身家說沒就沒了。面對男友的欺騙，她竟然一直不相信，還傻傻地等待著消失的男友跑回來跟自己說對不起。最後還是時間讓這個傻女人知道，自己真的受騙了。男友玩人間蒸發很久之後，她才拿起法律的武器，可面對鏡頭她卻依然坦然承認：「我們當時感情很好，我真的很愛他，沒料到他會騙我，怎麼想也想不到。」

是啊，愛情當道的女人，眼裡除了愛還是愛，自然看不穿男人的心機。

為愛犯傻的女人，頂多被人說句可憐。可若是一直執迷不悟，那就是犯賤。為愛犯賤的女人，是不值得同情的。就算哪天她改邪歸正，怕也沒有男人敢再靠近她。

男人遇到愛情精神，女人遇到愛情神經。對於男人來說，理性占多半，不論有多愛眼前的女人，他們也必是事事衡量並計算過的；對於女人來說，感性一多，理智就沒了，遇上愛情就像老房子著了火，撲不及，救不滅，人和腦子都不正常。

對於愛情，輕熟女要有一定的認知：需要愛情，但不盲從；渴望愛情，但不能為愛丟了自己。

無法深愛，熟女止步

這世上最慘的愛情不是被欺騙，而是明明在一起，卻無法深愛。

小喬是個輕熟女，自己擁有一家公司的她，事業可謂春風得意，唯一遺憾的是，她的婚姻一直沒著落。在最近的一次產品推銷會上，她認識了同行業的蕭雷，對方不僅一表人才，而且談吐高雅，熟識之後發現各自都還是單身，兩人心中的好感又添了一層。隨著業務方面的不斷合作，兩人之間的約會也越來越頻繁，在小喬生日那晚，蕭雷以一曲《因為愛所以愛》深深打動了小喬，她覺得自己愛情的春天終於來了，於是兩人很快便開始同居。可是，結婚的想法只是小喬的一廂情願，因為她發現，不論跟蕭雷多親近，對方總是有所保留，哪怕是同睡在一張床上，對方有電話或短訊，依然會避著自己，彷彿偷情似的。開始，小喬強迫自己相信蕭雷，並暗地裡怪自己小心眼，可很快她就發現了蕭雷的秘密，對方除她之外，還有兩個紅顏知己。小喬知道，所謂的「紅顏知己」只是蕭雷拿來應付自己的藉口，背後真正是何關係，怕只有他自己明白。可是面對這樣一份遲來的愛情，她還是不想輕易放棄，索性找了個機會跟蕭雷談起婚姻，不出所料，對方先是沉默，繼而便以事業為藉口說要再考慮。

其實任何理由都是藉口，愛得不夠才藉口多多。看到對方那躲閃的眼神，小喬的心徹底死了。強求的愛情不會有甜蜜，強求的愛人不會是真心，她選擇了放手。

對於輕熟女來說，跟一個男人談戀愛的最終目的是要走進婚姻的，婚姻是愛情最後一步，面對婚姻，如果這個男人以沉默作答，那只能說明他不夠愛妳。不論妳愛得多深，都要做好思想準備，再等待下去也是枉然，男人不想娶一個女人，怎麼等都是白費心機。

果然，小喬跟蕭雷分手不久，對方便迅速搭上了一個年輕妹妹，二人成雙入對沒幾個月便走進了婚姻。起初，小喬恨蕭雷，連他的新女友都恨，可當她看到兩人照片上的甜蜜笑容時，她的心竟釋懷了。蕭雷笑得那麼真，眼睛瞇成了一條線，新娘直接靠在他的懷裡，一副嬌羞的模樣，怎麼看都感覺這是一對恩愛夫妻。想起自己當初和蕭雷在一起的情形，她感覺從未如此幸福過，小喬突然意識到，當初的自己只是因婚而愛，並非因愛而愛，所以兩人無法深愛，更無法走進婚姻。

對於輕熟女來說，戀愛的時候就已經做好走進婚姻的準備，對於每場戀愛都當成最後一次，雖說這種做法可貴，對愛情的專一也令人敬佩，可是，不是每段戀愛都有機會走進婚姻的。愛不愛，能不能愛，值不值得愛，都是問題，而且最重要的是，一旦發現無法深愛，就一定要及時止步，及時回頭，成全自己的碧海，歸還對方的藍天，這才算明智。

聰明的輕熟女還知道，一個和自己無法深愛的男人，必不是真正愛自己的男人，放棄一個不愛自己的男人，也不是什麼大損失。

記住愉快的，忘掉不快的

如果在女人當中做個民意調查的話，怕百分之百的女人都願意接受零傷害的愛情，愛情的傷痕是女人一生也抹不掉的。同樣，如果在男人當中做同樣的調查，相信他們也願意自己的感情一帆風順。只是，沒有哪一場戀愛是一帆風順的，哪怕是已有較深道行的熟男熟女。

身在俗世，就會身處困擾，羈絆於紛紛擾擾的紅塵。作為女人，如何面對用心愛過卻又徹底傷過自己的那個人？

其實，所謂的愛恨糾纏，如魚飲水，冷暖自知。作為女人就要清楚，情感糾葛是妳親自打上的結，只能等妳親自去解開，無人能幫。心裏實在痛的話，不如為自己規劃一趟旅行，或是完全靜下來，好好去回想一下，這場愛情究竟敗在了哪裡？如果回憶是痛的，那就試著放下吧！實在放不下，就把一切交給時間。

時間能證明一切，時間能放下一切。它就像一粒飽滿的種子，吮吸了時光和心事，一天天成長，直至發芽，你唯一能做的，便是等它結出果來。果實怎樣，結局就是怎樣。

只是，時間有長有短。所以，你需要耐心。

聰明的女人，將於等待中慢慢淡定，直至堅強，懂得將烈火焚燒過的心收起來，捂進自已的胸膛，深深呼吸，或傾入幾許冰水，不要怕冷，有時候能幫妳清醒。只有它，冷至冰點，懂得什麼叫徹底心涼，妳便放下了。

每個人心裡都有一片心田。心出生的土壤永遠不曾改變，只是你要學會去栽種，栽下信任，必能收穫陽光；栽下真情，必能收穫幸福。只是，瑣碎跟無聊的東西要隨時清除，不然荒蕪的，是你自已的心。過去的，終是過去了，再回頭，已然沒意義。

佛說，這世上最珍貴的，不是已失去，更不是已得到，而是已擁有的。想想你此時握在手裡的是什麼？握緊它吧！只要它是讓你心動、心疼的，而不是讓你心煩意亂的。身在世俗，但心卻不能過於世俗。要知道，這世上最珍貴的東西都是免費的，如陽光雨露、朗月清風，還有你許久不曾低頭注視過的廣袤土地，或是某個陌生人對你粲然微笑……孔子云：朝聞道，夕死可矣。他以無形道引為知己，而你亦不缺這樣的知己，想來，只差一個放得下。

放得下，走過去便是一個碧海藍天。放不下，糾結的只是你自己，放不下的背後，不是情深，而是你還沒傷透。某天真傷透了，心成頑石，就再也焐不熱了。

輕熟女早就明白，愛情本來就是一場男女間的爭鬥，聰明人會記得愉快的事情，就算回憶也只留最美好的那一份。哪怕是不愛了，至少也不能再彼此傷害，忘掉曾經的不快，忘掉那人曾給的傷害，感情從來都是相互的，失去一個不夠愛自己的人，總比自己一輩子被愛欺騙要好得多吧？

心最脆弱，因為它承受不起太多傷害；心又最堅強，因為它承載得起妳一輩子的喜怒哀傷。記住愉快的，忘掉不快的，聰明的輕熟女早就懂得。

愛情當道，慎用矜持

愛情當道，失去理智的居多，因他喜而喜，因他憂而憂。突如其來的愛情，帶給人的力量是無限的，特別是男人，面對自己心儀的女人，極可能幾天不到就決定要娶她回家。而對於女人，婚嫁終歸是一輩子的事，愛情來時，究竟如何接住？

二十九歲的小韋曾經就遇到過一場疾如流星的愛情。因為職場壓力太大，她決定趁年假一個人去旅行，旅行途中突遭大雨的她被一把小紅傘打動。為她遮擋大雨的男人面帶微笑，似曾相識，令她怦然心動。這場旅行對小韋來說，收穫的不僅是一段浪漫的愛情，還有一個在她看來相當優秀的好男人。對方跟她同一城市，也是一個人出來旅行，而且還是單身貴族，在一家大型國企上班，收入自然不在小韋之下，更主要的是他談吐幽默，為人體貼。整場旅行下來，小韋感覺自己收穫的唯一風景就是這個男人。

再長的旅行也有結束的那天。分開時，小韋正猶豫著如何是好，男人先開口跟她告白，主動坦白了自己的好感，並提出交往的要求。小韋只笑不語，那一刻她感覺自己幸福極了。

同城約會自然也很浪漫。男友很細心，從小禮物到法國大餐，在小韋面前從不吝嗇，每次約會都能把她逗得開懷大笑，有了男友的陪伴，小韋覺得什麼不快都忘掉了。但是作為熟男的男友，還是把年齡問題放到了桌面上，相識一個月後，他提出進一步交往，比如去對方家裡拜見一下父母，將婚姻問題提上日程表。

相識一個月的男友又是求愛又是求婚，這對任何女人來說，都不是一件輕易能接受的事。畢竟，婚姻不是兒戲，慎重為上。所以小韋沒答應男友拜見父母的要求，她以還要深入瞭解為理由搪塞過去。

好在，男友並不氣餒，還是一如既往地追求，小韋暗自慶倖自己遇上了一個懂自己的男人。直到相識一百天，男友拿出一枚鉑金戒指，說是一百天的紀念，並再次提出結婚的請求，這才把小韋嚇著了。那天的她十分慌張，連笑都是尷尬的，雖說對男友很有好感，但相識三個月就結婚，也太快了，而自己對男友的家世和過往都不算瞭解，她不想太冒昧，所以拒絕了那枚戒指。只是，令她想不到的是，這一拒絕，便把男友推遠了。

隨後好幾天，男友都不再主動聯絡，小韋的心開始七上八下，可她還是不願意主動打電話，感覺那樣太沒面子，甚至認為一個男人只要夠愛自己，總會懂自己，總會明白自己的心思。

然而，這一次小韋失算了。男友在兩週之後發來一條分手的短訊，告訴她，自己是真心實意想結婚，但小韋的過分矜持讓他深感不安，看不到兩個人的未來。

這個結局是小韋不想要的！深思熟慮之後，她終於主動打電話給男友，想告訴對方自己願意認真交往，然而男友的回答卻是：「晚了，當初妳拒絕我的戒指就是在拒絕婚姻，我們這個年齡玩不起矜持，經不起等待，還是散了吧。」

小韋的心痛了好久。她想不明白為什麼真愛竟經不起等待。

其實，輕熟女面對的男人大多是熟男，熟男的年齡都在三十開外，他們不僅要面對職場壓力，還要面對家庭的逼婚，細想比女人活得還要累。所以面對令自己心動的女人，熟男會主動表白並求婚，如果女人稍有猶豫，熟男內心深處的驕傲就會跳出來使壞，告訴他自己：我如此優秀，還怕沒女人嫁嗎？一旦男人有了這種想法，女人做再多挽回也無濟於事，可以罵男人薄情，可以恨男人不專，但作為一個輕熟女就不要忘記年齡的存在，矜持雖是女人應該有的美德，但更要學會看準時機。

愛情當道，慎用矜持。

記得：敢於給妳婚姻的男人，斷然不是玩感情遊戲的男人。相信他，相信愛，矜持對於輕熟女的愛情來說，已然不適用。

輕熟女一招鮮：悄悄偷走他的心

時代變了，作為輕熟女也要跟進，與時俱進才吃得開。

此時的愛情天下已然不是男人獨有，女人照樣可以主動出擊。可是，懂得出手的女人有很多，小女生遠比輕熟女主動得多，只要看上一個男人，她們會不管不顧地撲上去，哪還輪得到別人出手？

還好，天下的男人也與時俱進，他們的目光會掠過勇敢的小女生，尋找那些真正屬於自己的優質女。那麼，輕熟女該如何抓住他們的心呢？

總結起來，輕熟女偷男人心的秘笈就是懂得調情。調情招式有以下幾種：

第一點，學會拋笑容。

生活中的輕熟女要有善意的微笑，無論面對的人是否喜歡，都要報以微笑，這是一種禮節，也是自身修養的體現。同時，輕熟女還有職場優勢，相較於年輕小女生，她們更有資格和機會在談判桌上和男人大刀闊斧地開戰，一個精明的輕熟女想要取得成功，除了內心強悍之外，更懂得適時服軟，給對手一個淺笑，似有若無，這就足夠令他心猿意馬。電影中那些賭博高手之所以敗在女對手手下，不是因為他們賭技差，而是因為心不專。

第二點，讓讚美開花。

不論是八歲的男童還是八十歲的爺爺，只要是男人就一定喜歡被人讚揚，哪怕言過其實，可他們還是喜歡聽，並一定會對讚美自己的人有求必應。從這一點上來說，男人都是英雄主義的受害者，喜歡高高在上的感覺。輕熟女只要抓住這一點，做事情便會容易得多，適時讚美男人，分場合用不同的語言去表揚他，一定會讓這個男人離不開妳，就像孩子離不開糖果一樣。

第三點，撒嬌和單純不應該拋棄。

輕熟女的年齡限制了她們太多的本性，比如撒嬌和單純。但限制不等於不能拿出來，面對中意的男人還是要懂得適時「服軟」，給他添一份保妳你的慾望總好過讓他對妳敬而遠之。要知道，男人喜歡小鳥依人的女人，喜歡被人依賴，他們更願意看到日本女人那樣的溫柔，遠非職場女人的尖銳。作為輕熟女，不要認為自己年齡大了，撒嬌和單純會很可笑，其實就算活到一百歲，只要那個男人愛妳，他就一定喜歡聽到妳撒嬌的聲音，一定喜歡看到妳單純微笑的樣子。同樣，如果真愛那個男人，小女人的天性肯定是藏不住的。

第四點，玩曖昧但不真曖昧。

這是輕熟女最厲害的殺手鐧。看中一個男人，與其對他沒完沒了地糾纏，不如大膽拋給他一個熱辣辣的吻，然後離去，讓他去猜去想去曖昧地回憶。再相見時，妳可以依然高貴如公主，彷彿一切不曾發生過，也可以適時點頭，說那天真的動了點感情。是的，只是當時動了點情，千萬不要承認自己動了心。對於男人來說，吃不定的獵物才叫誘惑，適量的誘惑能點燃男人心中的愛情之火，妳的忽冷忽熱對他來說就像夏天的冰淇淋，越吃越暢快，越吃越離不開。當然，輕熟女更明白，跟男人玩曖昧可以，但並非真曖昧，曖昧的感情總是見不得光的，輕熟女需要的是明朗的愛情。

調情是門學問，最主要的是挑對自己愛的人。女人有種調情的本能，面對自己喜歡的男人，小女人的心態會自然顯露，調情對輕熟女來說根本就不是難事。

有愛不一定合適，合拍最重要

玩遊戲的人都知道，下棋有觀棋不語的規則，賭牌有贏虧自負的規則。同樣，愛情也有規則，但它和遊戲最大的不同就是：愛情不可以重新來過。

小甜身為三十二歲的輕熟女，可謂經歷了太多情感坎坷，愛過恨過的幾任前男友留給她的記憶就是：男人變心比女人還快。也正因為經歷了幾段不成功的愛情，所以小甜對現在的男友百依百順。男友是搞舞蹈的，職業習慣讓他穿衣戴帽別具一格，雖說年齡一大把，可就是喜歡美國的嘻哈風，跟一本正經的小甜站在一起，總讓人有種忍不住想發笑的感覺。有朋友勸過小甜讓男友改變一下穿衣風格，可她卻極認真地搖頭，表示願意尊重男友的喜好。只是她也有受不了的地方，如果說男友的穿衣風格還可以接受，那對方的言談實在是不敢恭維，不分場合地嘻哈，不分主次地搶白，說到盡興處還喜歡自己先舞上一段。這種行為讓小甜既驕傲又尷尬：驕傲的是男友人帥，舞跳得好；尷尬的是，跟那些習慣了朝九晚五的同事們一起，面對男友不分場合的跳舞，這種出格的事確實給她招來不少笑柄。有好心人不斷提醒她，這個男人的生活跟她的生活根本不合拍，勸她再考慮。

其實，小甜也不是沒考慮過分手，可她還是不忍心提出來，一來確實喜歡男友，而對方也愛她，二來年齡大了，不確定自己是否還能遇上喜歡的男人。所以，她一直拖著，忍著，直到那天，男友喝多了，當著她的面親吻另一個女人，還美其名曰這叫藝術時，小甜的心徹底涼了。過去看著男友和他的那幫藝術圈的朋友在一起摟摟抱抱，小甜還願意相信那是行為開放，可如果說這是藝術，無疑是在玷污藝術和愛情！痛過之後，她跟男友提出了分手。沒料到的是，男友不捨得放手，擺出一副回頭的姿勢，當他看到小甜是下定決心要分時，就不停地給她的同事和朋友打電話，期待事情能有轉機。只是讓大家想不到的是，當他的要求被小甜的朋友一一婉拒之後，他竟然破口大罵人家是假正經，愣是把小甜的朋友罵了一大圈，這才算解恨！不用問，他這樣做的結果只有一個——這段感情徹底結束。

連連遭受感情打擊的小甜對愛情突然沒了信心，她不再相信愛情，也不再相信男人，一種遊戲的心態讓她痛恨男人卻不拒絕男人。凡是對她表示好感的男人，她都會接受，吃飯，看電影，甚至大膽地親吻，她都覺得無所謂，一個女人的心若死了，就不會再在乎所謂的感情和感覺。她不斷地遊戲男人，同樣也被男人不斷地遊戲，沒有哪個男人願意站出來說是真的愛她，願意給她一生安穩。

其實，小甜最大的悲哀不是愛錯人，也不是情場失意，她最大的錯誤就是不清楚愛情規則。

一個聰明的輕熟女面對愛情來襲，首先要問自己的就是，這個男人究竟是否真的愛自己？是否適合自己？他的為人處世是否跟自己合拍？這些基本問題的回答如果都是肯定的話，那就可以繼續交往深入瞭解，不要做失去才知道後悔的事情。

愛情規則因人而異，卻有一點是共通的，有愛不一定合適，合拍才重要。

每段愛情都有特別之處

每個人都有自己的長處，每段愛情都有它的特別之處。

輕熟女對愛情的要求往往是只要有一顆真心就夠，然而，不是每個真心愛妳的人都能陪妳走到最後，愛情不是兩個人的事，需要兩個家庭甚至整個社會的參與。只要妳過的不是與世隔絕的日子，就不能保證自己的愛情是絕對保險的絕對能受得住誘惑的，作為一個聰明女人，要學會從每段愛情中汲取它的營養。

如果遇上的男人聰明無比，那就要試著把自己的智慧提升。

跟聰明的男人談戀愛，開始是種美妙的享受。要知道，聰明男人的腦袋就是一部精準的電腦，他知道妳喜歡什麼，也明白妳的心思，只要妳想到的，他都會悄無聲息地去做好，精準又令人滿意。與這樣的男人談一場戀愛，對女人也是一場愛的練習，無論是否能走進婚姻，至少這段愛情旅程讓女人明白了什麼叫做投其所好，用智慧去戀愛，事半功倍。

如果妳遇上的男人有點笨，那就從他身上學習什麼叫可愛吧！

跟笨男人談戀愛，會少很多樂趣，可也能體會到他把妳當做掌心寶的滋味。笨男人的體貼和專一是聰明男人無法比擬的，正因為知道自己笨，所以他會在行動上多下工夫。如果你想吃蘋果他買的卻是橘子，那也沒關係，他會告訴妳，什麼季節吃什麼水果才最有益；如果妳想去看話劇他卻送來電影票，那也不要掃興，他會讓妳知道，電影和話劇各有各的好……笨男人反應不敏捷，但總會設身處地為妳著想，當他因被責難而滿面羞愧的時候，妳會發現他其實也蠻可愛的。

跟好男人戀愛，對女人來說是自我修養的一種完善。

好男人幾乎可以和完美畫等號：無不良嗜好，有良好出身，具有高學歷和一定的社會地位，如果外表再有幾分俊美氣的話，簡直就是人間極品。好男人是女人心中的神，景仰之情如江水奔騰，跟這樣的男人談一場戀愛，對許多女人來說就算折壽三年也願意，不論是走在街上還是回到家裡，好男人都是女人最大的驕傲。

如果不小心愛上了壞男人，女人就要注意了，別被壞男人一時的熱烈打動，要知道，物以類聚，人以群分，學會感謝他對自己的好，但卻要拒絕這份愛。無論是小壞還是大壞，只要被貼上壞男人的標籤，那他的品質首先就要遭到質疑，與一個品質不好的男人談戀愛，只有傻女人才會做。

愛了一大圈，女人分清了哪類男人聰明、哪類男人笨，哪類男人好、哪類男人壞，卻並不清楚自己到底需要怎樣一場愛情。其實，每段愛情都有它的特別之處，同樣，不同的男人都有各自的特別之處。

聰明男人過於精明，一眼就能看出妳的心思。誰都有幾個小秘密，妳敢保證哪天他不會挖掘出妳的秘密？

笨男人雖然可愛，可若自己聰慧過人，天天對牛彈琴，豈不是更累？

好男人是完美，他們不僅自身完美，也要求另一半完美，捫心自問，妳是不是一個完美的女人？

壞男人更不用說了，沒有女人願意被人指指點點，趁早遠離是上策。

身為輕熟女，除了學會看男人，更要懂得總結走過的每段感情，知道自己敗在哪裡，明白自己適合什麼樣的男人，看清楚每段愛情的特別之處，取長補短，這才是最重要的。

輕熟女抵制極品男

看到「極品男」這三個字，恐怕許多人會誤認為是指男人之最，什麼都好。其實不然，「極品男」指特別有個性、一意孤行、以自我為中心的男人。

喻凡就曾遇到過這樣一個極品男。作為三十歲的輕熟女，喻凡其實早就看淡一切，特別是對感情，幾段分分合合的愛情已經將她所有的熱情消磨，剩下的只是想找個老實男人共度一生的願望。通過相親，喻凡認識了陳達，兩人年齡和條件相當，外表看起來也不錯，彼此對對方還算滿意，喻凡對這段感情也算認同，因此點頭同意了陳達的交往請求。

第一次約會，陳達自作主張帶她去吃風味小吃，兩個人在煙薰火燎的燒烤屋裡吃了一些的東西，由始至終，陳達都未問過她想去哪裡吃或者想吃什麼，兀自去了，又兀自點了東西。喻凡不由得在心裡打起了鼓：這究竟是叫憨厚還是叫個性？為了弄明白，吃完東西之後，她主動提出去看電影，以為對方會贊成，卻不料，陳達一拍胸脯，無比浪漫地說：「看電影哪有感覺？不如去看星星吧，吹吹海風也不錯……」這番話說得喻凡哭笑不得。要知道，此時可是十二月份的台北，寒風蕭瑟，一對大男大女跑去海邊看星星，真不知是浪漫還是受罪。

第二次見面，是在喻凡的家裡，父母心急，想見未來女婿，主動打電話叫來陳達，想一家人吃個飯，喻凡隱隱有些擔心。果然，陳達上門是空著手來的，不僅如此，還在半路帶上了一個哥們。那餐飯吃得很尷尬，陳達話少，帶來的哥們卻像進了自己家。送陳達走時，喻凡終於忍不住了，暗示陳達有些事需要注意小節，陳達誤以為她嫌自己帶了哥們來吃飯，還不以為然地說：「不就是吃頓飯嗎？等我們結婚了，這裡也是哥們的半個家嘛！都是自己人。」一席話說得喻凡苦笑不已。

不用問，父母對這個冒失的女婿沒什麼好印象，所以不免敲打喻凡，慢慢地，喻凡也煩了，不僅因為陳達總是自作主張，而且因為他辦事不上道。以前他是在公司門口接她約會，如今卻直接告訴她地點，讓她自己想辦法過去。最要命的是，有一次喻凡因為不舒服而推掉約會，卻被陳達以為是不想見他，「啪噠」一聲就把電話掛了。聽著電話那頭傳來的忙音，喻凡的心一點點下沉，她決定和陳達好好談談。

談話之後，陳達倒也改了不少，可喻凡還沒高興幾天，便被另一件事打亂了心。那天她去見陳達的朋友，酒桌上的陳達很大男人地對朋友宣稱：「我的事我做主，我的女朋友管不了我。」如果當時他只是想充門面，那喻凡也認了，可問題是，自己就在他身邊坐著，他連點面子也不給自己留，哪個女人能受得了？讓她下定決心分手的原因還是接下來發生的事，吃完飯，陳達的朋友說要去唱歌，而喻凡因為第二天有工作要做，所以不想玩太晚，以為陳達會把她送回去或者至少說幾句安慰話，卻不料，陳達把手一揮說：「哥們聚一次不容易，妳自己搭車回去吧。」然後便跟著哥們走了。看著車後揚起的塵埃，喻凡覺得自己的心也落了地。

後來跟閨蜜說起這段感情經歷，喻凡才知道，自己遇上了極品男。

極品男的世界裡永遠只有自己，最愛的是自己，然後才是妳，他不會因妳而改變。

作為輕熟女，開始可能會對極品男欣賞甚至著迷，但隨著交往的加深則會發現，極品男都活在自己的世界裡，他不會因妳喜而喜，更別期望他會因妳悲而悲，在極品男眼裏，愛情只是身外物，自己才是最重要的。

所以，輕熟女要堅決抵制極品男。

拒絕愛情不良男，寧缺勿濫

輕熟女就像一塊冰，遇上冰會更冷，遇上火又極易融化。

熟男早就熟知這一點，所以，只要遇上心動的輕熟女，就會拼了命地示好，哪怕對方對自己無意，也堅決不會輕易放棄，他們吃透了輕熟女的特質。

熟男斯翰有過留學經歷，三十二歲那年回國創業，幾番打拼之後稍有所成，擁有了一定的經濟基礎，唯一遺憾的是，曾經受到過的感情傷害，讓他對女人失去信心。先是創業時，第一任女友捲走了他的大半家產；後來雖說遇上了情投意合的第二任女友，卻不料，生意挫敗那年，第二任女友吃不了苦，轉嫁他人；最讓他受不了的還是第三任女友，年輕漂亮還有一副清純模樣，本來愛得很真，可張嘴閉嘴就是跟他要錢，彷彿是在跟錢談戀愛，終於有一天，斯翰忍受不了對方的金錢慾望，主動將其清出家門。這些特別的感情經歷，使得他不再相信女人，對於愛情自然也開始嬉戲，簡直是一個不良男。

斯翰的第一個目標小A，是在職場上遇著的輕熟女，不算漂亮，卻能言善辯，跟小A一起合作的那段日子裡，斯翰放下老闆架子，表現得十分熱情，連微笑都是溫暖的，時不時露出來的風趣，更是將小A深深打動。一直單身的小A以為是愛情降臨了，所以主動靠近斯翰，卻不料，她這一主動竟然讓斯翰的熱情大減，相處不到一個月，便不肯再見她，直到失去聯繫，小A也不懂自己究竟敗在哪裡。

斯翰的第二個目標小B，是經人介紹認識的，在貿易公司上班，漂亮又優雅，總是讓斯翰看不出她的情緒，高不高興總是以笑臉示人。面對這樣的精品女人，斯翰有瞬間的動心。可是，小B當時就表示自己有人追，可她越是拒絕，斯翰越是動心，只是動心之前他還是決定先試探一下，於是每天玫瑰和短訊不斷，以最原始的浪漫打動了小B。結局可想而知，在小B拋棄男友並向斯翰敞開心扉之後，斯翰又暴露出了冷漠本性，玩起了消失。

不知道下一任小C或是小D會受到斯翰怎樣的捉弄，但有一點可以肯定，在男人的情感範疇裡，熱情不等於真誠，就算他捨得為妳送一大堆玫瑰，也應該弄清楚他的真實目的再去愛。

不夠瞭解的愛情，總是容易受傷害。

對於輕熟女來說，愛情是件寧缺勿濫的事情，勿把不良男人的熱情當真誠。熱情是開在臉上的花，而真誠則是用心結出來的果實。

不忠愛情總死在劈腿上

和愛情不良男相比，劈腿男更可惡。

如果說愛情不良男所患的是一種受傷綜合症的話，那劈腿男則是「出軌俱樂部」的會員，愛上劈腿男的最終結局只有兩個：一、自己逃！二、讓他滾！

對於輕熟女來說，千帆閱盡，最想要的無非是一段穩定的感情，一個從容的後半生，而這些需要有一個忠實的男人來給予。

一個忠實的男人或許不是大富大貴，也不懂得什麼叫體貼和浪漫，但骨子裡所散發出來的那種忠誠，還是讓輕熟女心安。

大起大落的生活並非人生之福，真正的幸福是一種腳踏實地的安穩。輕熟女早就明白這一點，所以選擇愛情時，最看重的還是男人的品質，就算品質一時半刻難以分辨，至少也要保留足夠的時間去瞭解。

曾有實驗證明，男人的不忠是有科學根據的，有的是身體裡的某種遺傳因數發生了作用，有的是身體裡的荷爾蒙高出常人數倍，所以對他們來說，愛和性是可以分開的，而出軌多數是為了性。

作為女人無法瞭解男人的遺傳史，更無法去測量他的荷爾蒙，但有一點可以確定，他過去的戀愛史就是劈腿成性的最好證明。

試問一個男人，如果談一次戀愛是受傷，談兩次戀愛是被甩，三次四次之後呢？數不清次數的戀愛並不能說明他有魅力，相反只能說明他用情不專。每個男人都自認為是金子，他以為女人沒用慧眼看自己，卻不知道，女人看男人看得更多的是內在和品質。連續愛情失敗的男人，定然在這兩方面出了偏差，所以才會一而再，再而三地分手。

更令人難以忍受的是，劈腿男多數是不承認自己先劈腿的，總會編些藉口說是被甩或是前任女友有多不好，其實，越辯解只能越讓女人瞧不起。試問，一個對前女友如此惡語相向的男人，誰能保證與妳分手之後他不會這樣說妳呢？

有太多女人願意飛蛾撲火地認定自己有能力拯救劈腿男，甚至願意相信自己就是劈腿男的最後一站，這種行為很偉大，但這種犧牲很幼稚。要知道，劈腿是品質問題。就像一個蘋果，外在再誘人，裡面腐爛，妳還指望有一天他會發新芽嗎？如果有，那也無非是他老了，或是敗落了，再也沒有精力去劈腿。

面對劈腿男，能夠自己逃的女人是聰明的，她看透了這個男人的無藥可救。

面對劈腿男，大吼一聲讓他滾的女人很勇敢，對這種男人客氣就是對自己的侮辱。

男人最吃哪一套

輕熟女身上的魅力無與倫比，總結起來大致有如下幾點：性感，涵養，舉止優雅，以理服人，懂得體貼，知心。

性感，對於輕熟女來說不用特別修煉，客觀的年齡和生活閱歷，已然是最好的老師，舉手投足或是凝目遠望之間，便會散發出不一樣的性感，不論是生活中的慵懶還是職場上的犀利，輕熟女的性感魅力永遠存在，永遠不減。

涵養，是一個人外在的學識和內在的修養組成的。對於輕熟女來說，書籍是生活中必不可少的伴侶，專業書能令自己充實，文藝書能增長閱歷，不論是怎樣的男人，喜歡的永遠都是知書達禮的女人，在他們心裡，能和擁有良好涵養的女人交往，是一種難得的榮幸。

舉止優雅是輕熟女的長項，世事打磨之下，輕熟女早就脫離了幼稚女的行列，熟女風範盡顯，使她在任何場合都遊刃有餘，且在適當的時候，男人還會發現，跟舉止優雅的輕熟女一起應酬，其實是件快樂無比的事，她不僅能帶動氣氛，還能給男人帶來很大的幫助。不僅如此，就連女伴對輕熟女也相當鍾愛，不僅因為她知進退，更重要的是和輕熟女成為朋友，也是女人樂意做的事，在熟男熟女的圈子裡，輕熟女可謂大受歡迎。

以理服人，這點對於所有男人來說簡直就是最大的恩德，特別是處於愛情之中，在男人心裡，女人就是不講理的代名詞。可是跟輕熟女談情說愛，「理」字當頭。輕熟女不會跟你計較遲到或是早退，反正你不來，她也有自己的事情做；輕熟女也不會為男人的某種錯誤而當街開罵，那是潑婦才做的事，對於她來講，大庭廣眾之下，男人的錯比不過自己的修養重要，要知道，丟了男人可以再找，若丟了自己的身分，那就太難為情了；輕熟女最不喜歡做的事就是爭吵，就算面對的是一個善於計較的男人，她們也會理智地指出問題的癥結所在，如果這個男人懂得回頭，那麼就是善莫大焉，如果這個男人就是要一錯到底，她肯定會擺手說再見，一笑而過。以理服人的輕熟女看似讓男人很輕鬆，其實是男人最怕的，要知道，天下時常犯錯的男人還少嗎？如果女人一吵二鬧三上吊，他還有理由來反擊，可一個「理」

字當頭，怕他只能認錯。

懂得體貼，還要適時體貼，這就是輕熟女的聰明所在。男人在外面打拼比女人還要累，女人只要賺錢買花自己戴就足夠，可男人要考慮的卻是一個家庭的重擔，所以他也有煩的時候，沉默或是暴躁，都是男人釋放壓力的一種手段。一個聰明的女人就要學會觀察男人的情緒，如果他真的累了煩了，那就溫柔地安慰一下吧！男人這時候一定比孩子還要脆弱，給他一杯熱茶或是一個擁抱，就是最好的體貼。

知心，這是許多男人對心上人最認同的一個評價，哪個男人肯承認女人是自己的知心人，那這個女人一定是男人最欣賞和尊重的。輕熟女擁有上乘的職場經驗和極致的生活體驗，這些閱歷足夠她讀懂任何一個男人，做讓男人欣賞和尊重的女人，成為他的知心人。

男人需要的是視覺和心理雙重滿足，而輕熟女恰好滿足了男人所有的願望。

識別壞男人的鬼把戲

對於男人來說，「色」字頭上一把刀，女人如果厲害些，刀就直接架到他的脖子上，他若是怕犧牲，自然就退卻；若女人一味忍讓，他倒覺得是自己充滿了魅力，愈加變得壞起來。

身為輕熟女，自然要慧眼識破壞男人的鬼把戲，招式不過三種，卻足以讓壞男人敗下陣來。

一、他說只愛妳，可實際上情人多多

別管男人有多笨，只要遇上中意的女人，定是滿嘴抹蜂蜜，除了情就是愛，只差不能把心掏出來給妳看，不惜一切追求妳，讓妳以為自己就是他的天他的地。妳感動了，落淚了，投入他懷抱了，可他卻開始冷淡了，放下了，再也沒有當初的熱情了。再回頭妳就會發現，他身後情人如此之多，絕不止妳一個！天天說愛妳的男

人，也在天天說愛別人，這種恥辱怕是許多女人不能接受的！

雖然戀愛容易讓人頭腦發昏，但不至於分不出真假。

一個男人是否真心愛妳，絕對不在於嘴上功夫，行動是必須要有的，要看他是否願意為妳付出，付出多少，是否真心待妳的朋友和家人。一個好男人是需要尊老愛幼的，一個好男人更需要愛屋及烏。心存不軌的男人絕對沒有耐心做到這些，他只想參與妳的愛情，不想參與妳的生活，而且他也沒有時間去參與，要知道，門外那麼多野花正招引他呢！

對於這類男人，輕熟女要一眼就識別出來，千萬別給他機會。不是不信這種男人，只是愛情不需要過於激烈，真正的愛在於一朝一夕的培養，在於一言一行的觀察。

二、愛得天花亂墜，一提婚姻就敷衍

有一種男人，愛得很專一，除了妳，絕對沒有別的女人，讓人感覺可以放心託付。可這種託付只是幾年而非一輩子，青春一過，他定然是要走的。而且妳絕對不能中途提結婚，一提結婚他就會煩，從敷衍到消失，時間不會太久。

愛的時候，繁花似錦，願意給女人一切，且對她的一切也感興趣，唯一不感興趣的就是婚姻，遇上這類壞男人，對女人來說遠比遇到絕情男人更痛苦。要知道，人是感情動物，相處久了自然難以離開，更何況還是自己喜歡到想託付一生幸福的男人？可他不這樣想，他只要一陣子的激情——一時的妳，他不要永遠的平淡——一世的妳。

對於愛得天花亂墜、一提婚姻就敷衍的男人，女人要堅決說「不」，要堅決離開！別為他一時的深情款款所打動，他只是喜歡跟妳在一起找激情玩愛情，並不想跟妳過日子。對於這種壞男人，女人要拿出狠勁，忘不了也要忘，甩不開也要甩，一時的痛總好過一輩子的傷，一個不願意給妳婚姻承諾的男人，愛他是沒價值的。

三、為妳生為妳死，背後卻有個家庭

已婚男人是禍害，一定不能招惹，更不能相信他所謂的愛情，就當他是在白日做夢好了，讓他自己玩去！這類男人明明不是自由身，卻還非要扮作情聖，滿嘴情呀愛呀的唾沫橫飛，想想都可恨，不知他背後的那個正室當初是怎麼嫁給他的。

被已婚男人糾纏上的女人，其實很可憐，不是被騙就是被哄。總之跟這樣的男人在一起，千萬別相信他嘴裡的話，所謂的為妳生為妳死，都是假話，騙到手之後，要生要死的人怕就是妳了。遇上這類壞男人，身為女人什麼也不用說，讓他有多遠滾多遠，最好一輩子別再見！如若他非要糾纏，那就指給他一條明路——先回家離婚再談愛情！

離了再娶，這對已婚男人來說是很少能辦到的事情，所以輕熟女也別指望了，這類壞男人要的只是曖昧，不是愛情。

愛情世界跟動物世界一樣，雖然不是弱肉強食那麼激烈，但面對壞男人，輕熟女一定要學會強悍！

輕熟女打敗貌美小情敵的獨家秘笈

誰的愛情都不希望被競爭，可現實通常是，大多數愛情都要面臨競爭，同類總喜歡相殘。

輕熟女最怕一種情敵——年輕貌美的小女生。這類女生沒有什麼武器，她們的青春就是輕熟女愛情路上的「擋愛牌」。

莉娜是某公司高層主管，成熟優雅，唯一不足之處就是年齡略大，三十三歲的年紀很尷尬，不論是她自己還是家人，都急著尋找目標。好在上天厚愛，終於讓她遇到一位知心男，此男是某網站編輯，女網友不少，聊天聊得多了，自然非常瞭解女人的心，所以很得莉娜的歡心。兩人年齡相當，談了不到半年就定了終身，可是正當莉娜準備做幸福嫁娘的時候，卻發現男友有些怪異，白天在公司上網，晚上在家裡上網，連陪她上街時都不時地翻看手機線上，女人的敏感讓她認定男友的心似乎並不單純，可作為一個輕熟女，她深知此時點破只能讓事情更加惡化，所以不動聲色地將主動權交給男友，她提出自己要在婚前做最後一次單身旅行，時間或長或短，同時也想好好考慮一下婚姻問題。男友幾乎沒有猶豫就答應了，點頭的動作讓莉娜失望極了，男友離自己越來越遠，連半點挽留也沒有，她感覺這段感情可能會以結束收場。卻不料，剛走了兩個禮拜，男友便追到異地當著她的面懺悔。原來，男友被一個小網友纏上，對方年輕又衝動，聽到他要結婚的消息後差點自殺。也許是小女生的執著打動了男友，他承認自己有一刻是心動了，可是等他真的跟小女生接觸之後才發現，她不僅纏人，連生活都不能自理，最要命的是，還不定時檢查自己的短訊和MSN，兩人之間完全沒有一點信任。男友這才意識到莉娜有多好，不僅人獨立，而且還體貼，總能在自己需要的時候出現，迷失時還主動留出空間讓自己去反省，怎麼想，他都感覺莉娜最好，所以及時回了頭。

其實，生活中這樣的例子不少，一個輕熟女與一個小女生相比，除了年齡，再無其他劣勢，前者用智慧創造幸福，後者用青春在賭明天。作為男人，自然知道如何選擇，他看得到輕熟女身上有小女生所沒有的魅力，輕熟女也善於利用自己獨特的魅力打敗年輕貌美的小情敵。

說到底，年齡不是關鍵，魅力才是永恆。

輕熟女打敗小情敵的秘笈無非十個字：獨立、高貴、冷靜、忍讓、犧牲。

一個獨立的女人可以適時幫扶男人，也可以離開男人自己過，不存在依賴。

一個高貴的女人不會為了一個男人去打去鬧，再愛也不失身分。

一個冷靜的女人清楚自己何時出手，何時收手。

一個忍讓的女人知道忍一時風平浪靜，讓一步海闊天空，同時也在為自己爭取機會。

一個犧牲的女人給男人留下的是滿滿的感激，這份感激足以反手為刃，斬殺情敵。

作為輕熟女，在愛情面前就要有足夠的自信，要明白自己身上的潛在優勢，要相信自己的獨特魅力，還要相信男人在選擇愛情時是有腦子的，他們懂得欣賞美，更善於收藏真正的美。

如何讓他愛到不可救藥

怎麼愛，才能讓男人愛妳愛到不可救藥？

或許這不僅是輕熟女想要知道的，更是天下所有女人想知道的。

小美是個一直掙扎在愛情苦海裡的女子，年輕時因為愛所以愛，漸長後因為嫁所以愛，直到進入輕熟女的年齡還一直在尋找愛。說起自己的前幾任男友，小美總是很不解，每段愛情自己都用了心，盡了力，可最終還是落了個分手的結局。她說：「談第一個男朋友時我還年輕，愛上他的帥，他的歌，就迷上他，感覺非要跟他在一起，可真在一起了，突然發現，他身上也有好多毛病，懶惰又自私，最生氣的是我們吵架一個多禮拜，他都不知道上門道歉，根本不愛我；與第二個男朋友相識時我已經不年輕了，二十六歲，已經進入女人最適合結婚的年齡，彼此感覺不錯，可他家裡人事情太多，總對我挑三揀四，我又不是商品，憑什麼讓他們來指指點點，他也不知道幫我說話，明顯就是不愛我嘛！一賭氣拜拜了；第三個更好笑，二十七歲那年認識到現在，已經有兩年時間了，眼見我就要快三十了，可他就是反對結婚，一直說要先立業後成家，我卻感覺他這是藉口，是敷衍，是不愛我的表現，只好跟他分手……」

小美的話總結起來可以確定一點，那就是她缺少愛的安全感，總認為對方不夠愛自己，所以一直鬧分手。

女人要求男人多愛自己一些自然沒錯，但首先是自己要足夠愛自己。

男人有時很多情，有時也很無情。面對一個天天纏著自己的女人，他會有吃定她的篤定，會覺得沒必要再對這個女人費心思。

一個要求多一些愛，一個卻不肯再付出一絲一毫，這樣的愛情就像一場拉力賽，哪頭沒力氣奉陪，哪頭就先撤退，先認輸。

說穿了，女人要先學會面對自己，才有資格向男人要求更多的愛。就像小美一樣，對於第一任男友，如果她能夠面對那次吵架的錯誤，和對方真誠溝通，多坦白自己的不足，那這場愛情不一定會走到盡頭。可年輕時大家都沒有承認錯誤的勇氣，只好一錯再錯。錯過相愛的那個人，對彼此都是一種損失；對於第二任男友，小美的分手更是草率，明明相愛，只因家人的一點意見而分開，只能說這是她不肯面對自己，不肯改正自己，只能不歡而散；第三任男友分得更冤枉，男人想先立業再成家，本身是上進的表現，女人在這個時候不應打壓，應該多鼓勵，面對現實，好好跟男人溝通。

能夠面對自己，就能及時發現不足並加以修正，而愛情本身就是一條不斷發現、不斷修正的路。

作為女人，想讓男人更愛自己，就必須認清自己；而對男人來說，能愛的女人很多，能深愛並願意為之動心的女人卻只有一種——願意面對自己不足的女人。

正視自己是需要勇氣的，更需要智慧去修正。

身為輕熟女，已經具備很多優點，如果能學會面對自己，這一點就足以讓男人愛妳愛到無藥可救。

愛要ABA，不要ABC

電影《A面B面》裡的主人公有一句經典臺詞：「有些愛情，是ABA，這是一個圓，即便分開，你們還是可以再次回到起點；有些愛情，是ABC，這是一條直線上的三個點，你喜歡她，但她喜歡的是另外一個他，這樣的愛情，永遠沒有結局。」

其實這就是愛情。

愛情的結局從來都不可預測，開始，我們看到的只是外在般配與否，甚至連對方的祖宗八代都搬出來對比，最後還是上天說了算。因為愛無形，所以無法掌控。

薇拉對此深有感觸，曾經跟前任男友拍拖十年，從大學時的懵懂，到踏入社會後的相扶相伴，當初純真的少年，如今成了睿智的商人，當初愛做夢的少女，如今成了超現實的輕熟女，兩人也算共同經歷了風雨。可是，面對婚姻，薇拉首先打起了退堂鼓，她在心裡早就把對方看成了親人，而親人有了一份親情，卻少了一份激情，所以當另一個男人對她表示了好感之後，薇拉毫不猶豫地跟男友提出分手，面對男友的再三挽留，薇拉流著眼淚拒絕，可一出門見到新男友時，她立即笑容滿面。

女人的一生要靠無數的戀愛來保持青春。薇拉需要新的愛情來滋潤，只是沒想到，一年不到頭，新男友身上的缺點盡顯，最要命的是，她發現新男友還和另一個女子有牽扯，她越想拉回對方，對方逃得越快，對比之下，前男友身上的優點越來越清晰。薇拉開始後悔，她這才明白愛情走到一定階段都是親情，所謂的激情只是心靈的一時迷失，悔悟過後，最好的還是原來的。所幸，她的前任男友很大度地接納了她，也算是不幸中的萬幸。

對於薇拉來說，她的愛情就是一場ＡＢＡ和一場ＡＢＣ的冒險。前任男友和她屬於ＡＢＡ，轉了一圈發現各自才是最合適的，而第二任男友和她是一場ＡＢＣ的遊戲，她愛他，他卻愛著另一個她，這樣的愛情註定是不可能有好結局的。

薇拉無疑是幸運的，前任男友給了她吃回頭草的機會。

而生活中很多女人是無法吃回頭草的，要知道，男人最忌諱的就是女人的背叛，所以ＡＢＡ的原則並非通用，只有少數幸運的人才玩得起。作為一個聰明的輕熟女，抓牢一段感情就不要輕易放手，愛來之不易，好男人更是不多見，經得起時間考驗的愛情才是真愛。

國家圖書館出版品預行編目資料

戀愛心指南. 2, 提高愛情商，不被愛情傷／孫明一編著. -- 初版.
-- 新北市：菁品文化, 2013. 10
面；　公分. --（Turn.com；47）

ISBN 978-986-5946-88-3（平裝）

1. 戀愛　2. 生活指導

544.37　　102014978

Turn.com 047

戀愛心指南 2：提高愛情商，不被愛情傷

編　　著	孫明一
發 行 人	李木連
執行企劃	林建成
封面設計	上承工作室
設計編排	菩薩蠻電腦科技有限公司
印　　刷	普林特斯資訊股份有限公司
出 版 者	菁品文化事業有限公司 地址／23556 新北市中和區立德街 211 號 2 樓 電話／02-22235029　傳真／02-32348050
E-mail	jingpinbook@yahoo.com.tw
郵政劃撥	19957041　戶名：菁品文化事業有限公司
總 經 銷	創智文化有限公司 地址／23674新北市土城區忠承路89號6樓（永寧科技園區） 電話／02-22683489　傳真／02-22696560
網　　址	博訊書網：http://www.booknews.com.tw
版　　次	2013年9月初版
定　　價	新台幣220元　（缺頁或破損的書，請寄回更換）

ISBN　978-986-5946-88-3

本書 CVS 通路由美璟文化有限公司提供
原書名：我要的愛情，非誠勿擾